<그리스도인이면 꼭 알아야 할 성경 지식>

이스라엘 왕들의 역사

제2권 북왕국 이스라엘은 왜 멸망했는가?

칼멜산의 엘리야

서울솔로몬학교 성경연수원

차 례

이 책에 인용된 성경 구절은 〈한글킹제임스성경〉입니다.

제1과

왕국의 분열과 여로보암의 등극

(왕상 12,13장)

『온 이스라엘은 여로보암이 돌아왔다는 말을 듣고, 보내어 그를 회중에게로 불러 온 이스라엘을 다스리는 왕으로 삼았으니 오직 유다 지파 외에는 다윗의 집을 따르는 자가 없더라』(왕상 12:20).

솔로몬 왕의 죽음과 그 이후

"40년 동안 이스라엘을 통치한 솔로몬 왕"(왕상 11:41-43)은 인류 역사상 가장 지혜로운 왕이었지만, 인생 후반부에 죄를 짓고 배교함으로써 그의 위대한 치리는 물거품이 되고 말았다. 그래서 솔로몬은 후대에 "이스라엘의 가장 현명한 왕"임과 동시에 "이스라엘 왕국을 둘로 찢어 놓은 왕"으로 기억되고 있으며, 또한 인생 전반부는 메시아이신 주 예수 그리스도의 예표로, 후반부는 적그리스도의 예표로 제시된다. 결국 솔로몬 왕의 죽음과 더불어 이스라엘 역사상 가장 위대했던 "통일 왕국"의 시대는 막을 내렸으니, "남왕국 유다"(르호보암)와 "북왕국 이스라엘"(여로보암)로 분열되고 말았던 것이다("분열 왕국"). 한편 "왕국의 정통성"은 "남왕국 유다"에 있었기에 "다윗의 왕국"은 남왕국을 통해 그 명맥을 이어 갔다.

중요한 것은 이 분열된 왕국이 점점 더 쇠락해져만 갔다는 점이다. 백성들은 하나님을 떠나 우상에게로 돌아섬으로써 한 걸음 한 걸음 배교를 향해 나아갔는데, 북왕국 이스라엘은 처음부터 배교로 시작해서 배교로 막을 내렸고, 남왕국 유다는 배교를 향해 나아가면서도 중간중간 몇몇 선한 왕들에 의해 부흥과 개혁이 일어나기도 했다. 그러나 완전한 성공을 거두지는 못했다. 결국 이 두 왕국은 각각 앗시리아(B.C. 721)와 바벨론(B.C. 587)에 의해 멸망하고 포로로 잡혀갔다.

분열 왕국 시대

1. 분열의 씨앗

분열의 직접적인 원인은 솔로몬의 뒤를 이어 왕이 된 "르호보암"에게 있었다. 세금과 노역을 가볍게 해 달라는 백성들의 요구를 르호보암이 거절했던 것이다(왕상 12:12-15). 그러나 보다 더 근본적인 원인은 "하나님의 명령에 불순종하고 우상을 숭배했던 솔로몬의 죄"에서 찾을 수 있다. 솔로몬의 마음이 하나님으로부터 돌이켜진 데서 빚어진 결과였던 것이다(왕상 11:9-13). 『**주께서 솔로몬에게 말씀하시기를 "네가 이 일을 행하여 내가 네게 명한 나의 언약과 규례들을 지키지 아니하였으니 내가 반드시 네게서 왕국을 찢어서 네 신하에게 주리라**』(왕상 11:11).

2. 분열 왕국 개요(B.C. 978-587, 왕상 12:1-왕하 25:30, 대하 10:1-36:23)

1) 북왕국 이스라엘의 역사 개요

북왕국 이스라엘의 역사는 한마디로 말하면 "여로보암의 길을 따라 지속적인 배교로 나아간 역사"였다. 북왕국에서는 총 19명의 왕이 보좌에 앉았지만, 이 중 단 한 명도 선한 왕이 없었다. 말하자면 북왕국은 "반역"으로 시작해서 "반역"으로 끝난 왕국이요, "배교"로 시작해서 "배교"로 막을 내린 왕국이었다. 단 한 번의 부흥도, 단 한 번의 개혁도 없이 오직 배교와 타락으로만 일관한 역사였던 것이다. 반역으로 점철된 역사를 지닌 북왕국 이스라엘은 여러 번의 모반을 통해 왕조가 "여덟 번"이나 교체되었는데(총 아홉 개의 왕조), 이 중 어떤 왕조는 왕조라 불리기에도 부끄러울 만큼 당대에 일어났던 모반으로 끝나기도 했다.

2) 남왕국 유다의 역사 개요

남왕국 유다의 역사는 "몇몇 왕들에 의한 개혁이 있었지만 결국은 실패하고 마는 역사"였다. 분열 이후 남왕국에는 총 19명의 왕이 보좌에 앉았고, "하나의 왕조," 곧 "왕의 정통성을 가진 다윗의 왕조"로만 일관했다. 남왕국에는 더러는 악한 왕도 있었지만 선한 왕들도 여럿 있었다. 『**에프라임은 거짓말로, 이스라엘 집은 기만으로 나를 에워싸나, 유다는 여전히 하나님과 함께 다스리며 그 성도들과 더불어 신실하도다**』(호 11:12). 남왕국 유다는 "다섯 차례의 중요한 개혁"이 일어났지만, 종국에는 배교로 끝나 버렸는데, 특히 성경은 "유다의 타락상"에 대해 북왕국 이스라엘보다 훨씬 더 극심했다고 말씀한다(겔 23:1-49). 『**그녀**[북왕국 이스라엘]**의 동생 아홀리바**[남왕국 유다]**가 이것을 보고도 그녀**[유다]**의 무절제한 사랑으로 언니**[이스라엘]**보다 더 타락하여 그녀**[유다]**의 음란함이 언니**[이스라엘]**의 음란함보다 더욱 심해졌느니라**』(겔 23:11).

■ 새롭게 깨달았거나 적용할 내용이 있다면 적어 보세요. ■

■ "남왕국 유다" vs. "북왕국 이스라엘" ■		
구분	남왕국 유다 (B.C. 978-587)	북왕국 이스라엘 (B.C. 978-721)
수도	예루살렘	세겜(첫 번째 수도) 사마리아(오므리 왕 때 옮김)
왕조	1개 왕조(다윗 왕조) [다섯 번의 개혁]	9개 왕조 [8번의 왕조 교체]
왕들	19명의 왕과 1명의 여왕(아달랴) [르호보암에서 시드기야까지]	19명의 왕 [여로보암에서 호세아까지]
선지자	스마야, 잇도, 아사랴, 하나니, 예후, 아하시엘, 엘리에셀, 이사야, 요엘, 미가, 나훔, 하박국, 스바냐, 예레미야, 다니엘, 에스겔	아히야, 예후, 엘리야, 미가야, 엘리사, 요나, 호세아, 아모스
멸망	B.C. 587년(제3차 침공) 바벨론에 의해 멸망	B.C. 721년 앗시리아에 의해 멸망

3. 북왕국 이스라엘의 "왕들의 계보" 요약

첫 번째 왕조	1. 여로보암 (22년)	금송아지 숭배 조장 예루살렘 성전 경배 못하게 함 무자격자들을 제사장들로 삼음 제멋대로 명절을 지키게 함 거짓 제단에 대한 경고(요시야 예언)
	2. 나답 (2년)	여로보암의 죄를 행함 (금송아지 숭배)
두 번째 왕조	3. 바아사 (24년)	여로보암의 죄를 행함
	4. 엘라 (2년)	사악한 왕

<u>세 번째 왕조</u>	5. 시므리 (7일)	(7일 천하) 여로보암의 길로 행함
<u>네 번째 왕조</u>	6. 오므리 (12년)	(북왕국의 전성기) 여로보암의 길로 행함
	7. 아합 (22년)	가장 사악했던 왕 금송아지 숭배에 더하여 <u>바알 숭배까지 조장함</u> <u>선지자 엘리야</u>가 활동했던 시기
	8. 아하시야 (2년)	여로보암의 길로 행함
	9. 여호람 (12년)	바알의 형상들을 제거했으나 남왕국처럼 부흥이 일어난 것은 아님 여로보암의 길로 행함 <u>선지자 엘리사</u>가 활동했던 시기 하나님께서 세우신 예후에 의해 죽고, 오므리 왕조가 막을 내림
<u>다섯 번째 왕조</u>	10. 예후 (28년)	<u>아합의 죄, 곧 바알 숭배 근절을</u> <u>위해</u> 하나님께서 선택하신 인물 바알 숭배자들을 근절했으나 <u>여로보암의 죄를 떠나지 못함</u> 이로 인해 왕조가 이후 4대로 마감됨
	11. 여호아하스 (17년)	예후의 1대 자손
	12. 여호아스 (16년)	"요아스"로도 불림 예후의 2대 자손
	13. 여로보암 (41년)	여로보암 2세 예후의 3대 자손
	14. 스가랴 (6개월)	예후의 왕조가 102년 만에 마감 (북왕국 중에서 가장 긴 왕조)
<u>여섯 번째 왕조</u>	15. 살룸 (1개월)	

일곱 번째 왕조	16. 므나헴 (10년)	
	17. 프카히야 (2년)	
여덟 번째 왕조	18. 페카 (20년)	앗시리아의 티글랏필레셀 침공
아홉 번째 왕조	19. 호세아 (9년)	호세아 9년에 앗시리아에 의해 멸망함
이스라엘의 멸망과 사마리아 함락(B.C. 721년)		

■ 새롭게 깨달았거나 적용할 내용이 있다면 적어 보세요. ■

왕국의 분열과 여로보암의 죄(왕상 12:1-14:20)

1. 왕국의 분열

북왕국 이스라엘의 "첫 번째 왕조"는 에프랏인 느밧의 아들(왕상 11:26) "여로보암"부터 시작하여(왕상 12:16-20) 그의 아들 "나답"까지 2대 만에 끝이 난다(왕상 15:25-30). 당시 솔로몬 왕이 죽고 보좌에 오른 르호보암이 세금과 노역을 가볍게 해 달라는 이스라엘 백성들의 요청을 거절한 까닭에 이스라엘은 다윗의 집에 반역하게 된다(왕상 12:1-20). 『**그리하여 이스라엘이 다윗의 집에 반역하여 오늘에 이르니라**』(왕상 12:19, 대하 10:19). 이 반역을 진압하기 위해 르호보암 왕은 18만 명의 전사들을 이끌고 출정했지만, 주님께서는 하나님의 사람 스마야를 보내시어 그 내전을 막으셨다(왕상 12:21-24).

2. 북왕국 이스라엘의 초대 왕이 된 "여로보암"

1) 여로보암의 "출신 성분"(왕상 11:26-28)

(1) 스레다의 에프랏인 "느밧"(父)과 "스루아"(母) 사이에서 태어난 아들이다(26절).

(2) "힘센 용사"였던 여로보암은 밀로를 짓고 다윗 성읍을 수리하는 공사에서 "근면하게" 일한 것이 솔로몬 왕의 눈에 들어 "요셉의 집"의 모든 과업을 다스리는(28절) "솔로몬의 신하"가 되었다(26절).

2) 여로보암에게 주어진 "왕으로서의 기회"(왕상 11:29-39)

(1) 하나님께서는 "선지자 아히야"(29절)를 여로보암에게 보내셔서, "솔로몬의 범죄"로 인해 다윗의 왕국을 "둘"로 찢으시고 두 지파(유다 지파, 베냐민 지파)를 제외한 나머지 "열 지파"를 그에게 주시어 그를 왕으로 삼으시겠다고 예고하셨다(31,37절).

(2) 하나님께서는 여로보암에게 하나님의 명령에 따라 다윗이 행한 것처럼 옳게 행하면 그의 집이 다윗의 집처럼 견고하게 세워질 것이라는 약속을 주셨다.

『만일 내가 네게 명령한 모든 것에 네가 경청하고 내 길에서 행하며 내가 보기에 옳은 것을 행하고 내 종 다윗이 행한 것과 같이 내 규례들과 내 계명들을 지키면 내가 너와 함께 있어 내가 다윗을 위하여 세운 것과 같이 너를 위하여 견고한 집을 세우고 이스라엘을 네게 주리라』(왕상 11:38).

➠ 비록 이것이 다윗에게 "영원한 왕국"에 관한 약속과 더불어 주어진 "다윗의 언약"(삼하 7:12-16)에 버금가는 그런 약속은 아니었다 해도, 그의 집을 견고하게 해 주시겠다는 하나님의 위대한 약속이 여로보암에게 주어진 것은 분명하다. 이것은 하나님께서 "여로보암에게 주신 기회"였다. **만일 여로보암이 이 약속의 말씀에 유념해서 하나님의 마음에 합당한 왕으로서 통치했다면 "북왕국 이스라엘 역사의 판도"는 달라졌을 것이다.**

3) "**이집트로 도망하는**" 여로보암(왕상 11:40)

➠ 여로보암은 자신을 죽이려 하는 솔로몬을 피해 이집트로 도망했고, 그곳에서 솔로몬이 죽을 때까지 머물게 된다.

4) 북왕국 이스라엘의 "첫 번째 왕조"를 열게 된 여로보암(왕상 12:1-25)

➡ 왕이 된 여로보암은 에프라임 산지에 있는 "세겜"을 수도로 삼고(25절) 북왕국 이스라엘을 통치했다.

『온 이스라엘은 여로보암이 돌아왔다는 말을 듣고, 보내어 그를 회중에게로 불러 온 이스라엘을 다스리는 왕으로 삼았으니 오직 유다 지파 외에는 다윗의 집을 따르는 자가 없더라』(왕상 12:20).

4. 느밧의 아들 "여로보암의 죄" - "금송아지 숭배"

왕이 된 여로보암은 하나님의 약속을 무시한 채 하나님의 명령을 거역했으며, 오히려 "악한 왕"으로서 22년간 통치하다가(왕상 14:20) 인생을 마감했다. 특히 여로보암이 범했던 "죄"는 북왕국 이스라엘의 왕들을 고질적으로 계속해서 올무에 걸려들도록 할 만큼의 중대한 죄였는데, 이 죄는 이후로도 계속해서 이스라엘 왕들과 관련하여 "느밧의 아들 여로보암의 죄"라는 말로 회자되었다.

1) "여로보암의 극악한 죄"(왕상 12:26-33)

➡ 여로보암 왕은 자신의 보좌를 지키기 위해 아히야 선지자를 통해 약속하신 하나님의 말씀에 의지하지 않고 "육신적인 방법"을 동원했으니, 곧 "벧엘"과 "단"에 "금송아지 둘"을 만들어 두었던 것이다(28,29절).

(1) 이스라엘의 열 지파에 속한 백성들이 하나님께 희생제를 드리기 위해 예루살렘 성전으로 올라가다 보면, 그 마음이 남왕국 유다의 르호보암 왕에게로 다시 돌아갈 것이라 염려되어(26,27절) 백성들이 마땅

히 해야 할 "예루살렘에서의 성전 경배"를 하지 못하게 막았다.

(2) "금송아지" 들을 만들어서 그것들을 하나님으로 여기게 했으니(28절), 그것들에 제물을 드리고 명절을 지키게 함으로써 **"금송아지 숭배"라는 극악한 죄를 조장했다**(28-33절).

➠ 이것은 출애굽 당시 모세가 시내 산으로 올라가 자리를 비운 사이 아론과 백성들이 행했던 우상 숭배와 흡사한데(출 32:1-6), 당시 아론이 금송아지를 가리키며 했던 말과 여로보암이 했던 말을 비교해 보라. 『**오 이스라엘아, 이것들이 너를 이집트 땅에서 데리고 나온 너의 신들이라**』(출 32:4, 아론). 『**오 이스라엘아, 너를 이집트 땅에서 인도해 내신 네 신들을 보라**』(왕상 12:28, 여로보암). 그들은 그렇게 "똑같이" 공표하면서 "똑같이" 그 금송아지 앞에서 명절을 지켰다(출 32:5,6, 왕상 12:32,33).

(3) **하나님께서 주신 율법을 흉내 내면서 율법을 거역하여 제멋대로 행했다**(31-33절).

❶ "성전 경배"를 무시하고 "**산당**"을 지었다(31절).

❷ "레위의 아들들"이 아닌 "**백성의 가장 낮은 자들**," 곧 자격이 없는 자들을 제사장들로 삼았다(31절).

❸ 제멋대로 명절의 날짜를 변경해서 제물을 드리고 분향하게 했다(32,33절). 『**여덟째 달, 즉 그 달의 십오일을 명절로 정하여 유다에 있는 명절과 같게**』(32절) 했다는 말씀은 본래 "일곱째 달 십오 일"인 "장막절"을 여로보암이 모방했다는 것을 보여 준다.

하나님을 섬기려면 하나님의 방법대로 섬겨야 한다. 경기하려면 규칙대로 경기해야 한다. "자기 마음대로" 기도하고, "자기 마음대로" 설교하고, "자기 마음대로" 가르치고, "자기 마음

대로" 교회를 운영하고, "자기 마음대로" 경배하고, 읽어야 할 성경을 "자기 마음대로" 결정하고, 출석해야 할 교회를 "자기 마음대로" 결정하면서 그런 것들을 하나님께 받아달라고 요청하는 것은 교만이고 어리석은 생각이다.

5. 여로보암의 죄에 대한 "하나님의 심판"

1) "하나님의 사람"을 통해 주신 책망과 "<u>심판에 관한 예언</u>"(왕상 13:1-10)

『그가 **주**의 말씀으로 제단을 향하여 외쳐 말하기를 "오 제단아, 제단아, **주**가 이같이 말하노라. 보라, 다윗의 집에 요시야라 이름하는 한 아이가 태어날 것이요, 그가 네 위에서 분향하는 산당의 제사장들을 네 위에 제사하리니 사람들의 뼈가 네 위에서 불살라지리라." 하고 그가 그 날 한 표적을 주며 말하기를 "**주**께서 말씀하신 표적이 이것이라. 보라, 제단이 갈라지고 그 위에 있는 재가 쏟아지리라." 하니 여로보암왕이 벧엘에 있는 제단을 향하여 외치는 그 하나님의 사람의 말을 듣고, 제단에서 손을 펴며 말하기를 "그를 잡으라." 하더라. 그때 여로보암이 그 사람을 향하여 편 손이 말라 버려서 자기에게로 다시 거두어들이지 못하더라. 또한 하나님의 사람이 **주**의 말씀으로 준 표적에 따라 제단이 갈라지고, 재가 제단에서 쏟아지더라』(왕상 13:2-5).

➡ 이 예언은 여로보암 당대에 부분적으로 성취가 되었고(13:1-14:18), 궁극적으로는 그로부터 350년 뒤에 "남왕국 유다의 요시야 왕"을 통해 정확히 성취된다(왕하 23:15-20).

2) 마지막에 경계를 늦춘 "하나님의 사람"의 비참한 최후(왕상 13:11-32)

여로보암의 거짓 제단을 향해 주의 말씀을 선포했던 이 "젊은 선지자"는 신실하게 그 임무를 완수했음에도 불구하고, 마지막 순간에 경계를 늦추는 바람에 하나님의 명령에 불순종하고 비참한 최후를 맞이했다. 왜냐하면 벧엘의 "한 늙은 거짓 선지자"(11절)의 거짓말에 속아, 이곳에서는 『**빵도 먹지 말고 물도 마시지 말며, 네가 왔던 길로 돌아가지도 말라.**』(9절)라고 명령하신 하나님의 말씀에 불순종했기 때문이다.

(1) 젊은 선지자는 "마귀의 집요한 공격"에 유념하지 못했다(11-19절).

❶ "함께 가서 쉬자. 그러면 내가 상을 주겠다."(왕상 13:7)라고 말한 여로보암 왕의 제안은 잘 거절했다(마귀의 "제1차 공격"에 대해서는 잘 방어했음).

❷ 마귀는 제2차 공격을 가했는데, 이번에는 처음보다 더 강력한 무기를 준비했으니, 곧 매우 연륜도 있어 보이는 "늙은 선지자"를 예비한 것이다(11절). 그러나 젊은 선지자는 이번에도 늙은 선지자의 제안을 거절함으로써 "제2차 공격"을 잘 막았다(15-17절).

❸ 하지만 곧바로 이어진 마귀의 "제3차 공격"에는 무너지고 말았는데, 『**나도 당신과 같은 선지자라. 한 천사가 주의 말씀으로 내게 일러 말하기를 '그를 네 집으로 데리고 가서 그에게 빵을 먹이고, 물을 마시게 하라.' 하였나이다.**』(18절)라고 아주 그럴듯하게 말하는 늙은 선지자의 거짓말에 속아 버린 것이다. 결국 이 젊은 선지자는 그 늙은 선지자의 말이 사실인지에 관해 하나님께 묻지도 않은 채 마귀가 드리운 미끼를 덥석 물고 말았다(19절).

(2) 젊은 선지자는 세상 한가운데 앉아 방심하고 있었다(14절).

➡ **늙은 거짓 선지자가 젊은 선지자에게 접근한 시점과 장소는 그가 "상수리나무" 아래 앉아 쉬고 있을 때였다.**

<u>마귀는 항상 사역자가 쉬고 있는 틈을 노린다!</u> 그것도 주님 안에서 쉬는 것이 아니라, 세상 한가운데서 쉬고 있을 때 그 틈을 노리는 것이다. 경계심을 늦추고 세상 한가운데 앉아 있을 때 마귀의 공격에 속수무책으로 당하게 되어 있다. 다윗이 그러했고, 엘리야가 그러했으며, 베드로도 마찬가지였다. 이 세상에서 타국인이요 순례자로서 살아가는 그리스도인은 세상 한가운데 앉아 너저분하게 쉬고 있을 겨를이 없다. 쉬는 것은 지금이 아니라 저 하늘나라에서다. 지금은 일할 때고 싸울 때다. 지금은 앉아 있을 때가 아니라 일어날 때이며 절대 경계를 늦추면 안 된다.

(3) **결국 젊은 선지자는 사자에게 찢겨 죽었는데, 이 시대의 그리스도인 역시 하나님의 말씀에 불순종하게 되면 삼킬 자를 찾아 두루 다니는 "울부짖는 사자"(벧전 5:8)인 마귀에게 언제 삼켜지고 찢길지 모르는 것이다.**

■ 새롭게 깨달았거나 적용할 내용이 있다면 적어 보세요. ■

제1과
복습문제

1. 북왕국 이스라엘은 남왕국 유다와 달리 "반역"으로 시작해서 "반역"으로 끝난 왕국이요, "배교"로 시작해서 "배교"로 막을 내린 왕국이었다. (O , X)

2. 북왕국 이스라엘의 첫 번째 왕조는 에프랏인 느밧의 아들 (　　　　　)부터 시작하여 그의 아들 (　　　　)까지 2대 만에 끝났다.

3. 위 2번에서 느밧의 아들의 "죄"를 한마디로 말하면 (　　　　　) 숭배였다.

4. 위 2번에서 느밧의 아들이 금송아지 둘을 만들어서 이스라엘 백성으로 하여금 우상을 숭배하게 했던 성읍들은 (　　　　)과 (　　)이었다.

5. 『그가 주의 말씀으로 제단을 향하여 외쳐 말하기를 "오 제단아, 제단아, 주가 이같이 말하노라. 보라, 다윗의 집에 (　　　　　)라 이름하는 한 아이가 태어날 것이요, 그가 네 위에서 분향하는 산당의 제사장들을 네 위에 제사하리니 사람들의 뼈가 네 위에서 불살라지리라." 하고』(왕상 13:2).

■ 복습 문제의 정답은 홈페이지(www.solomonbtc.org)에서 확인할 수 있습니다.

NOTES

NOTES

NOTES

제2과

북왕국 이스라엘 왕들의 가장 심각한 죄 (왕상 14-16장)

『주께서 여로보암의 죄들로 인하여 이스라엘을 단념하시리니 그가 범죄하였고 또 이스라엘로 범죄케 하였음이라." 하더라』(왕상 14:16).

여로보암의 죄

왕국이 분열된 이후 "북왕국 이스라엘"을 배교로 치닫게 만든 죄는 "느밧의 아들 여로보암의 죄"였다. 이것은 이스라엘이라고 하는 한 왕국 전체를 완전히 공중분해 시킬 만큼의 강력한 위력을 가진 죄였다. 북왕국 이스라엘의 왕들 대부분은 하나같이 이 죄 때문에 파멸을 맞았는데, 첫 번째 왕조는 여로보암(22년)에서 나답(2년)까지 24년(2대) 만에 끝이 났고, 두 번째 왕조는 바아사(24년)에서 엘라(2년)까지 26년(2대) 만에 끝났으며, 세 번째 왕조는 시므리 혼자였고 7일 천하로 그 생을 끝낼 수밖에 없었다. 이렇듯 50년 남짓 되는 기간에 북왕국에서는 왕조가 세 번이나 갈리고 다섯 명의 왕이 바뀌었지만, 남왕국 유다에서는 단 한 번의 왕조 교체도 없이 세 명의 왕이 다윗의 보좌에 앉아 안정적인 통치를 이루어 갔다.

이후로도 북왕국은 여섯 번 더 왕조 교체가 이루어지는 가운데 "여로보암의 죄"를 따라 계속해서 배교의 늪으로 빠져들어 갔다. 그 배교의 끝은 전쟁과 멸망이었는데, 왕국 내에 끊이지 않는 모반과 반역의 피바람 속에서 왕조가 여러 번 교체되었고, 마지막 왕 "호세아" 때에 북왕국 이스라엘이 멸망하고 포로로 사로잡혀 간 것이다. 『**주께서 이스라엘을 쳐서... 이 좋은 땅에서 이스라엘을 뽑아 내어 강 건너편에 흩으시리니 이는 그들이... 주를 진노케 하였음이라**』(왕상 14:15).

여로보암에게 내려진 심판(왕상 14:1-16)

여로보암 왕의 아들 "아비야"가 병이 들었다(1절). 이에 여로보암은 "아이가 어떻게 될 것인지" 알아보기 위해 아내를 변장시켜서 선지자 "아히야"에게 보냈다(2-4절). 이 선지자는 자신에게 왕이 될 것이라고 말해 준 장본인이었다(2절). 여로보암의 아내가 아히야에게 도착했을 때, 주님의 말씀에 따라 그녀가 변장했다는 사실을 이미 알고 있었던(5절) 선지자 아히야는 『**험악한 소식**』(6절), 곧 "그 아이가 죽을 것"은 물론이거니와 장차 "하나님께서 여로보암의 집안에 내리실 심판"을 예고하게 된다(10-14절). 무엇보다도 이 심판은 북왕국 이스라엘의 멸망과 포로로 사로잡혀 갈 것에 대한 예언이기도 했으니, 이스라엘의 마지막 왕 "호세아" 때 이 예언은 이루어진다(왕하 17:6-23).

이러한 심판이 임하게 되는 원인은 분명했으니, 곧 다윗이 하나님의 명령을 지키고 따랐던 것처럼 행하지 않았고(8절), 이전에 있었던 모든 사람보다 더 악하게 행하여 우상들을 섬기고 하나님을 버렸기 때문이다(9절). **결국 하나님께서도 그들을 단념하신 것인데, 이 모든 죄들과 심판의 근원은 다름 아닌 "느밧의 아들 여로보암의 죄들"에 있었다(16절).** 특히 이러한 표현은 성경에서 무려 "열다섯 번"이나 반복해서 등장한다(왕상 14:16; 16:26,31; 22:52, 왕하 3:3; 10:29; 13:2,11; 14:24; 15:9,18,24,28; 17:21; 23:15).

■ 새롭게 깨달았거나 적용할 내용이 있다면 적어 보세요. ■

여로보암의 죄들을 따라간 왕들(왕상 14:17-16:34)

1. 첫 번째 왕조 제2대 왕 "나답"(14:17-20; 15:25-31)

선지자 아히야의 예언대로 여로보암의 아들 아비야가 죽었다(14:17,18). 이후 여로보암도 22년간의 통치를 뒤로하고 죽었으며, 그의 뒤를 이어 "나답"이 통치했다(14:20). "나답"은 2년간 치리했는데, 그 역시 악한 왕으로서 그의 아버지 "여로보암의 죄" 가운데 행했다. **『그가 주의 목전에서 악을 행하고 그의 아비의 길로 행하였으니, 그가 이스라엘로 범죄케 한 그의 죄 가운데 행하였더라』**(15:26). 결국 그는 잇사칼 집의 아히야의 아들 바아사의 모반으로 죽게 되는데(15:27,28), 이로써 여로보암에서 나답까지 2대 만에 북왕국 이스라엘의 첫 번째 왕조가 끝나고 말았다.

2. 두 번째 왕조 : "바아사"에서 "엘라"까지(15:27-16:14)

1) <u>제3대 왕 "바아사"의 통치</u>(15:27-16:7)

(1) "바아사"가 모반을 통해 왕이 됨으로써(15:27,28) 두 번째 왕조를 열었는데, 이것은 남왕국 유다의 세 번째 왕인 "아사 왕 제3년"의 일이었다(15:33). 바아사는 왕이 된 이후 여로보암의 온 집을 쳐서 단 한 명도 남기지 않고 멸족시켰으니, 이것은 하나님의 종 실로인 아히야를 통해 하신 말씀에 따른 것이었다(15:29).

(2) "바아사"는 "티르사"(두 번째 수도, 15:33)에서 24년 동안 북왕국 이스라엘을 통치했는데, 그 역시 악한 왕으로서 여로보암의 길로 행하고

말았다(15:34). 이로 인해 분노하신 하나님께서는 하나니의 아들 "예후"를 통해 여로보암 왕조가 받은 심판(14:10,11)과 "똑같은 심판"을 경고하셨고(16:2-4), 이 심판은 그의 아들의 때에 이루어졌다(16:11-13).

2) **제4대 왕 "엘라"의 통치**(16:8-14)

(1) "엘라"는 티르사에서 2년간 통치했다(16:8-10). 그의 행적에 관해서는 자세하게 언급되어 있지 않지만, 그가 "악한 왕"이었음은 분명하다(16:13 - "엘라의 죄들").

(2) "엘라"가 궁의 책임관 아르사의 집에서 술에 취해 있었을 당시, "병거"의 절반을 지휘하고 있던 대장 "시므리"가 반역을 했는데(16:9), 이로 인해 엘라는 죽임을 당했고(10절) 두 번째 왕조도 막을 내렸다.

3. 세 번째 왕조 : 제5대 왕 "시므리"의 "7일 천하"(16:15-20)

"시므리"가 보좌에 앉았을 때는 남왕국 유다의 아사 왕 제27년의 일이었다(15절). 그는 보좌에 오르자마자 선지자 예후의 예언대로 바아사의 온 집안을 멸족시켰다(16:11,12). 그러나 그의 통치는 7일 천하로 끝나고 말았는데, 필리스티아인들을 향해 진을 치고 있던 이스라엘 백성들이 시므리가 모반하여 왕이 되었다는 말을 듣고는 군대 대장 "오므리"를 이스라엘을 다스릴 왕으로 삼은 것이다(16절). 오므리에 의해 성이 함락되자 시므리는 왕궁에 불을 지르고 그 안에서 죽었다(18절). 결국 그의 왕조는 짧게 막을 내림으로써 세 번째 왕조가 끝나게 된다. 하나님의 심판을 수행했던 시므리는 왜 그렇게 허무하게 죽을 수밖에 없었는가? 이는 그가 이전 왕들처럼 "여로보암의 길"로 행했기 때문이다(16:19).

4. 네 번째 왕조 : "오므리"에서 "아합"까지(16:21-34)

"네 번째 왕조"는 "오므리"(12년, 23절)에서 시작하여 "아합"(22년, 28절), "아하시야"(2년, 왕상 22:40)를 지나 "여호람"(12년, 왕하 1:17)에 이르기까지 48년(4대) 동안 지속되었다. 군대 대장이었던 오므리의 반란으로 시므리의 7일 천하는 막을 내렸다. 그 결과 이스라엘은 기낫의 아들 "티브니"를 따르는 사람들과 "오므리"를 따르는 사람들 "두 파"로 나뉘게 되었다(21절). 둘 사이의 왕권 다툼은 오므리의 승리로 끝났고(22절), 오므리가 왕의 보좌에 오르면서 네 번째 왕조가 시작되었으니 유다의 아사 왕 제31년의 일이었다.

1) **<u>제6대 왕 "오므리"의 통치</u>**(16:23-27)

(1) "오므리"는 이전의 왕들보다 더욱 악하게 행한 왕으로서 12년 동안 이스라엘을 치리했다(23절).

(2) 북왕국 이스라엘은 "오므리 시대"에 가장 강성했는데, 이 시대는 "오므리 왕국의 시대"라 불릴 만큼 "<u>북왕국의 전성기</u>"였다.

❶ "오므리"는 정치적으로 수완이 좋은 왕이었다.

❷ "오므리"는 "세멜"에게서 은 두 달란트에 "사마리아 산"을 샀고 그 위에 성읍을 세움으로써 사마리아를 새로운 수도로 정하여 강력한 요새를 만들었다(24절). **<u>곧 그의 치리 중간에 수도를 티르사에서 "사마리아"(세 번째 수도)로 옮긴 것이다</u>**.

❸ 평화 협정을 통해 중요한 무역로인 "해변 길"(Via Maris)을 다시 손에 넣음으로써, 이스라엘 남쪽의 "이집트"와 북동쪽의 "메소포타미아 지역"과의 중개 무역을 통해 국가의 부를 축적했다.

❹ 이스라엘 동쪽의 사해 바다 건너편에 있는 모압을 정복했고, 북

쪽으로는 페니키아와 평화협정을 맺는 가운데 강력하고 중앙집권적인 왕국을 구축했다.

2) **제7대 왕 “아합”의 통치**(16:28-34)

(1) “아합”은 오므리의 뒤를 이어 왕 위에 올랐는데, 이는 유다의 아사왕 제38년의 일이었다(29절). 그는 22년간 통치했는데, 그 역시 악한 왕이었고, 그의 악함은 너무나 커서 성경은 그에 앞선 모든 사람보다 더 많은 악을 행했다고 기록하고 있다(30절).

(2) “아합의 죄”는 느밧의 아들 여로보암의 죄들을 넘어서는 것이었는데, **“금송아지 숭배”뿐만 아니라 “바알 숭배”까지 조장한 것이다**.

> 『오므리의 아들 아합이 **주**의 목전에서 자기 앞에 있던 모든 사람보다 더 악을 행하였더라. 느밧의 아들 여로보암의 죄들을 행하는 것이 그에게는 마치 가벼운 것 같았으니 그가 시돈인들의 엣바알왕의 딸 이세벨을 아내로 삼아 가서 바알을 섬기고 그에게 경배하였으며 사마리아에 건축한 바알의 신전에 바알을 위하여 한 제단을 쌓았고 또 아합이 아세라를 만들었더라. 아합이 자기 앞에 있던 이스라엘의 모든 왕보다 이스라엘의 **주** 하나님을 더욱 격노케 하였더라』(왕상 16:30-33).

➡ 아합이 조장한 “바알 숭배”는 느밧의 아들 여로보암의 죄, 곧 “금송아지 숭배”를 가벼운 것으로 여기게 할 만큼 엄청난 죄였다(31절). 이 두 가지 죄는 북왕국 이스라엘이 멸망할 때까지 지속되었다. 그래서 하나님께서는 북왕국 이스라엘의 배교에 관해 적시하시기를 “그들이 느밧의 아들 여로보암의 죄에서 떠나지 아니하였

다." 혹은 "그들이 아합의 죄에서 떠나지 아니하였다."라고 말씀하신다. 바로 이러한 죄들로 인해 하나님께서는 북왕국 이스라엘을 향한 이방인들의 침공을 허락하신 것이다.

"아합"의 통치 기간에 일어난 특별한 사건 중 하나는 "여리코"의 재건이었다. 여호수아의 정복 전쟁 당시 최초로 정복된 "여리코"는 완전히 무너졌는데, 이는 그 성읍이 저주받은 성읍이었기 때문이다. 그런데 이러한 저주는 여기서 끝나지 않았다. 『**여호수아가 그 때 백성들에게 엄명하여 말하기를 "이 여리코 성읍을 일으켜 세우는 사람은 주 앞에 저주를 받으리라. 그가 그 기초를 놓을 때는 그의 첫째 아들을, 그가 그 문들을 세울 때는 그의 막내 아들을 *잃으리라.*" 하더라**』(수 6:26,27).

이 일이 그로부터 426년 뒤인 아합 왕 때에 그대로 성취되었다. 『**그의 시대에 벧엘인 히엘이 여리코를 건축하였는데 그가 그 기초를 놓았을 때 그의 첫째 아들 아비람을, 그가 그 문들을 세웠을 때 그의 막내 아들 스굽을 *잃었으니,* 눈의 아들 여호수아를 통해 하신 주의 말씀대로 되었더라.**』(왕상 16:34). 우리는 여기에서 다시 한번 "성경이 무서운 책"임을 알게 된다. 왜 무서운 것인가? 하나님께서 한 번 하신 약속과 예언은 반드시 실현되기 때문이다. 믿지 않는 사람들만 손해를 보게 되는 것이다.

■ 새롭게 깨달았거나 적용할 내용이 있다면 적어 보세요. ■

제2과 복습문제

1. 『주께서 (   )의 죄들로 인하여 이스라엘을 단념하시리니 그가 범죄하였고 또 이스라엘로 범죄케 하였음이라." 하더라』(왕상 14:16).

2. 모반을 통해 "나답"을 죽임으로써 첫 번째 왕조인 여로보암 왕조를 끝낸 사람은 (   )이다.

3. 모반을 통해 "엘라"를 죽이고 두 번째 왕조를 끝낸 사람으로서 7일 천하로 통치가 막을 내린 사람은 (   )이다.

4. 북왕국 이스라엘의 전성기를 이끈 왕으로서 수도를 티르사에서 사마리아로 옮긴 왕은 (   )이다.

5. 이스라엘의 가장 사악한 왕으로서 여로보암의 금송아지 숭배뿐만 아니라 바알 숭배까지 조장한 왕은 (   )이다.

■ 복습 문제의 정답은 홈페이지(www.solomonbtc.org)에서 확인할 수 있습니다.

NOTES

NOTES

NOTES

제3과

적그리스도의 예표인 아합 대 엘리야 (1)

(왕상 17-19장)

『"그리고 너희는 너희 신들의 이름을 부르라. 나는 주의 이름을 부르리라. 불로 응답하시는 하나님, 그분이 하나님이시라." 하니 모든 백성이 대답하여 말하기를 "그 말이 옳도다." 하더라』(왕상 18:24).

배교의 절정을 향해 치닫는 북왕국 이스라엘

1. 하나님을 두려워하지 않고 하나님의 말씀에 무지한 통치자는 국가를 망하게 한다.

1) **북왕국 이스라엘의 역사를 보면, 악한 왕들에 의해 백성들이 하나님을 떠나 우상 숭배를 하게 되고, 하나님께서는 이 죄악들에 대해 경고와 징계를 하시는 패턴이 반복되고 있다.** 그리고 반복되는 죄악에 대한 징계로 내분과 반란이 끊이지 않고 백성들의 삶은 점점 더 피폐해져 간다.

2) 왕들은 짧은 통치 기간을 뒤로한 채 교체가 되지만, 바뀐 왕들 역시 그 죄의 길에서 돌이키지 않았고, 죄악은 더 많아지고 더욱 악해졌다. 결국 북왕국 이스라엘은 민족적인 배교로 치닫게 되었으며, 하나님의 진노의 심판 속에서 멸망을 향해 가고 있었다.

3) **이런 이스라엘의 왕들에 대한 평가에 공통으로 등장하는 표현이 있는데 "주의 목전에서 악을 행하는," "여로보암의 길," "이스라엘로 범죄케 한 그의 죄" 등이다(왕상 16:2,7,13,19,25,26,31).**

2. 역사는 반복된다.

➡ 여로보암과 그의 집안을 심판하는 도구로 세워진 바아사는 왕이 된 후에 여로보암과 똑같은 죄악을 행했고 그와 똑같은 저주를 받았다. 또한 "부전자전"이라고 그의 아들 엘라 역시 악하게 행했고, 결국 모반을 일

으킨 시므리에 의해 집안이 멸망했다. 이는 주께서 보내신 선지자 아히야의 예언이 그대로 성취된 것이었다(왕상 14:10,11; 16:3,4,7,13).

『바아사에게 속한 자가 성읍에서 죽으면 개들이 먹을 것이요, 그에게 속한 자가 들에서 죽으면 공중의 새들이 먹으리라." 하시더라... 그가 그의 보좌에 앉아 치리하기 시작하자마자 바아사의 온 집을 죽였으니 담벼락에 오줌누는 자는 그의 친척이든 그의 친구이든 하나도 그에게 남기지 아니하였더라』(왕상 16:4,11).

3. **모반으로 왕권을 잡은 시므리 역시 여로보암의 길에서 떠나지 않았다. 결국 그의 통치는 7일 만에 자살로써 막을 내렸다(왕상 16:18,19).**

4. **사마리아 성읍을 세운 오므리는 이전의 왕들보다 더 악한 자였다(왕상 16:25).**

➠ 하나님을 격노케 한 "그들의 헛된 것들"(왕상 16:13)은 하나님을 정면으로 대적하는 것으로서 이스라엘 백성에게 반복적으로 경고하신 것이었다(출 20:3-6, 신 13:13-16, 수 23:16). **모든 우상 숭배는 대환란 때 등장할 적그리스도와 그의 형상을 숭배하는 것과 연결된다**(계 13:12,14,15).

▣ 『너는 내 앞에 다른 어떤 신들도 있게 하지 말지니라. 너는 어떤 새긴 형상도 네게 만들지 말고 또한 위로 하늘에 있는 것이나 아래로 땅에 있는 것이나 땅 아래 물에 있는 것의 어떤 모습이든지 만들지 말며 너는 그것들에게 절하

지 말고 그것들을 섬기지 말지니라. 이는 나 **主** 너의 하나님은 질투하는 하나님임이니, 나를 미워하는 자들의 삼사 대까지, 그 조상들의 죄악을 그 자손들에게 미치게 하고』(출 20:3-6).

▣ 『그는 백향목들을 베고, 삼나무와 상수리나무를 가져다가 자신을 위하여 삼림의 나무들 가운데서 튼튼하게 하나니 물푸레나무를 심으면 비가 그것을 자라게 하는도다. 그후에 그 나무가 사람에게 땔감이 되나니 이는 그가 그것을 가져다가 자신을 따뜻하게 하며, 실로 그가 그것으로 불을 붙여서 빵도 굽고, 실로 그것으로 신상도 만들어서 경배하며, 그것으로 새긴 형상도 만들어서 거기에 엎드리기도 함이로다. 그가 그 중에 일부는 불에 태우고 그것의 일부로는 고기를 *삶아* 먹기도 하며, 고기를 구워서 배부르게도 하는도다. 실로, 몸을 따뜻하게 하고는 말하기를 "아하, 내가 따뜻하다. 내가 불을 보았구나." 하며 그 나머지로 신상, 즉 새긴 형상을 만들어서 그 앞에 엎드리며 경배하고 그것에게 기도하며, 말하기를 "나를 구하소서. 당신은 나의 신이라." 하는도다』(사 44:14-17).

▣ 『그러므로 우상들에게 바쳐진 제물을 먹는 일에 관하여 우리가 아는 것은 우상들은 세상에서 아무것도 아니며 하나님은 한 분밖에 계시지 아니한다는 것이라』(고전 8:4).

5. 적그리스도의 예표인 아합

1) <u>오므리의 뒤를 이어 왕으로 등극한 아합은 "적그리스도를 예표하는 인물"</u>로서, 하나님의 백성이면서도 시돈의 엣바알 왕의 딸 이세벨과 혼인했고,

왕국 내에 바알 숭배를 들여와 하나님을 더욱 격노케 하였다. 이방인들과의 잡혼은 이스라엘이 멸망하게 된 주요 원인이었다(왕상 11:1-13, 느 13:23-27). 그는 아내의 선동에 따라 주의 선지자들을 잡아서 죽였으며, 특히 엘리야를 죽이고자 왕국들을 샅샅이 뒤지기도 했다(왕상 18:4,10).

2) 그의 통치 기간에 하나님으로부터 저주를 받은 성읍인 여리코가 다시 세워졌다(왕상 16:34).

『느밧의 아들 여로보암의 죄들을 행하는 것이 그에게는 마치 가벼운 것 같았으니 그가 시돈인들의 엣바알왕의 딸 이세벨을 아내로 삼아 가서 바알을 섬기고 그에게 경배하였으며』(왕상 16:31)

3년 6개월간의 기근과 부양받는 엘리야(17장)

1. 북왕국 이스라엘에 엘리야를 보내신 하나님

1) 하나님께서는 우상 숭배로 멸망해 가는 이스라엘 왕국에 "엘리야"(나의 하나님은 여호와시다)를 보내셔서 기근을 보내시고, 하늘에서 불을 내리게 하는 이적을 보이시며, 오랜 기근 끝에 비를 주심으로써 이스라엘을 회복시키려고 하셨다.

2) 엘리야는 예수 그리스도의 재림과 관련하여 구약에서 마지막으로 언급된 인물이며 재림 직전에 나타나 환란 기간을 통과하는 이스라엘을 그

<u>리스도께로 인도할 것이다</u>.

> 『보라, 내가 **주**의 크고 무서운 날이 오기 전에 선지자 엘리야를 너희에게 보내리니, 그가 아비들의 마음을 자식들에게로, 자식들의 마음을 그들의 아비들에게로 돌이켜, 내가 와서 땅을 저주로 치지 않게 하리라』(말 4:5,6)

3) **<u>기근은 징계이다(삼하 21:1, 대상 21:12)</u>**. 여기서는 국가적인 배교에 대한 징계로 기근이 주어지고 있다. 기근의 기간인 "3년 6개월"은 이스라엘을 오염시킨 바알의 무가치함을 드러내는 기간이다(왕상 18:24).

➡ 적그리스도가 통치하는 대환란 기간 중 이스라엘에 대해 잔인한 박해가 가해지는 "후 삼 년 반 동안" 두 증인이 와서 예언할 것인데 이 기간에 비가 내리지 않을 것이다(1절, 왕상 18:1, 약 5:17,18, 계 11:3,6).

4) **<u>백성의 마음을 주님께로 돌이킨 이후 내리는 "비"(왕상 18:41)는 대환란을 종결짓는 "비"를 예표한다</u>**. 성경은 주님께서 재림하시기 직전 큰비가 쏟아질 것을 예언하고 있다.

> ▣ 『오라, 우리가 **주**께로 돌아가자. 이는 그가 찢으셨으나 우리를 낫게 하실 것이요, 그가 치셨으나 우리를 싸매어 주실 것임이라. 이틀 후에 그가 우리를 살리시며, 셋째 날에 그가 우리를 일으키시리니, 우리가 그의 목전에서 살리라. 만일 우리가 계속 **주**를 알고자 하면 그때 우리가 알게 되리라. 그의 나오심은 아침처럼 마련되어 있으며 그는 우리에게 비처럼 오시리니, 땅에 내리는 늦은 비와 이른 비처럼 오시리라』(호 6:1-3).

▣ 『너희 시온의 자녀들아, 그때에 즐거워하고 주 너희 하나님을 기뻐하라. 이는 그가 이른 비를 너희에게 적절히 주셨으며, 또 그가 너희를 위하여 비를 내려 주시되 이른 비와 늦은 비를 첫째 달에 내리게 하실 것임이라』(욜 2:23).

▣ 『오 하나님이여, 주께서 주의 백성들 앞에 나가시어 광야를 질러 행진하실 때 셀라, 땅이 진동하며 하늘들도 하나님의 면전에서 떨어지고 시내 산도 하나님, 곧 이스라엘의 하나님의 면전에서 요동하였나이다. 오 하나님이여, 주께서는 흡족한 비를 내리시어 주의 유업이 곤비할 때에 주의 유업을 견고하게 하셨나이다』(시 68:7-9).

▣ 『엘리야는 우리와 같은 성정에 속한 사람이지만, 비가 오지 않기를 간절히 기도하였더니 삼 년 육 개월이나 땅에 비가 오지 않았고, 다시 기도하였더니 하늘이 비를 내려 땅이 열매를 내었느니라』(약 5:17,18).

2. 선지자 엘리야를 부양하신 하나님

1) 하나님께서는 쫓기는 선지자 엘리야를 크릿 시냇가에 숨기시고 까마귀들을 통해 그를 부양하셨다. 그리고 가뭄이 더 심해져 시내가 마르자 사르밧의 과부를 통해 그를 부양하게 하셨다.

2) 아들과 함께 마지막 식사를 하고 죽음을 맞고자 했던 과부는 <u>선지자의 말에 먼저 순종했고</u> 그 순종을 통해 여인과 그녀의 집안이 기근으로부터 구원받게 되었다(13-16절, 겔 44:30). 특히 그리스도인들에게는 이러한 사건이 하나님의 말씀에 먼저 순종해야 한다는 좋은 영적인 교훈을 준다.

백성들의 마음을 다시 주께로 돌이킴(18장)

1. 세상적인 그리스도인의 예표 오바댜

➡ 아합의 궁의 장관인 오바댜는 하나님의 원수를 주인으로 섬기고 있는 자로서 하나님을 두려워하고 왕도 두려워하는 자였다. <u>즉 하나님께 인정을 받고 싶어 함과 동시에 세상에서의 지위도 유지하고 싶어 하는 세상적인 그리스도인을 보여 주는 인물이다(1-16절)</u>.

2. 바알에게 부르짖는 거짓 선지자들

1) 영적으로 눈먼 이스라엘은 삼 년 반의 극심한 기근에도 불구하고 그들이 섬겨 온 바알이 아무것도 아닌 것을 깨닫지 못하고 있으며, 엘리야를 통해 일하시는 하나님 역시 알지 못하고 있었다(21절). 백성들은 제단에 바친 제물에 불을 내려 응답하시는 신이 하나님이시라는 것에 동의했고, 이스라엘을 눈멀게 한 바알의 선지자 450명과 아세라들의 선지자 400명은 하나가 되어 엘리야와 대결을 펼쳤다(레 9:24, 대상 21:26).

2) 정오가 되도록 아무런 일도 일어나지 않자, 엘리야는 "큰 소리로 부르짖으라. 그는 신이니라. 그가 말을 하고 있거나, 무엇을 뒤쫓고 있거나, 길을 떠났거나 아니면 혹 잠들어서 깨워야 하리라."라고 그들을 조롱했다. 이후 자해를 동원한 쇼들이 꼬박 하루가 지나도록 펼쳐졌지만, 불은커녕 "아무 소리도 없고 응답하는 자도 없고 유념하는 자도" 없었다. 백성들 앞에서 "불"은 거짓 선지자들을 시험하는 시금석이었다(25-29절).

3) 불은 대환란 때 모습을 나타내는 두 증인의 신원을 확인하게 해 준다(계 11:5).

4) 대환란 기간에 거짓 선지자가 온 세상을 미혹하여 멸망의 아들을 섬기게 할 것인데 그때에도 불을 통해 세상을 미혹할 것이다(계 13:12-16).

3. 하나님께 부르짖은 선지자 엘리야

1) 주님께로부터 내려온 불은 번제물과 나무와 돌들과 흙을 태웠고, 도랑에 가득했던 물을 순식간에 말렸다. 백성들은 "주, 그분은 하나님이시도다. 주, 그분은 하나님이시도다."를 외치면서 엎드렸다. 하나님의 목적대로 백성들의 마음이 주께로 돌이켜진 것이다. 하나님의 능력을 목도한 백성들은 엘리야의 명령에 따라 바알의 선지자들과 아세라의 선지자들을 죽이는 데 기꺼이 동참했고, 그날 저녁 "므깃도 평원"에 있는 키손 시냇가는 그들의 피로 완전히 물들었다(30-40절).

2) 이 사건은 예수 그리스도께서 므깃도 평원에서 적그리스도의 2억의 군대를 죽이시고, 키손 강을 피로 완전히 물들이는 재림의 한 장면을 완전히 묘사해 준다(계 9:16; 16:16, 슥 12:11).

■ 새롭게 깨달았거나 적용할 내용이 있다면 적어 보세요. ■

엘리야의 낙담과 재기(19장)

1. 엘리야의 낙담

1) 죽음을 두려워하지 않고 이스라엘의 왕과 왕비를 대항했고, 바알의 선지자들과 아세라의 선지자들 850명을 대항해서 싸워 승리했던 용맹스러운 선지자가 이세벨의 협박에 낙담하여 무너지고 도망자 신세가 되어 죽기를 간구하고 있다.

2) <u>하나님을 따르고 하나님을 바라봤던 것에서 사람을 쳐다보고 세상의 위협으로 눈을 돌리자 곧 낙담하게 된 것이다(1-8절)</u>.

2. 사람이 아닌 하나님을 두려워하라.

1) 선지자 엘리야는 바로 어제 자신을 통해 역사하셨던 위대하신 하나님의 능력을 더 이상 신뢰하지 못했고, 낙담한 채로 굴속에 숨어서 떨었으며, "오직 나만이 남았는데"라는 말만 반복했다.

2) 그런 선지자에게 하나님께서는 산을 가르고 바위들을 산산조각내는 강한 바람과 지진과 불을 통해 <u>온갖 위협에서 선지자를 보호하시는 분이 하나님이시고, 또한 정말로 두려워해야 하는 분은 사람이나 환경이 아닌 하나님이시라는 사실을 가르쳐 주신다</u>. 그리고 미세한 음성을 통해 하나님의 위대한 역사는 그런 초자연적인 일들뿐만 아니라 섭리적인 역사를 통해 드러나지 않는 방법으로도 나타날 수 있음을 가르쳐 주신다(9-14절).

3. 바알에게 무릎 꿇지 않은 칠천 명을 남겨 두신 하나님

➠ 하사엘을 시리아를 다스릴 왕으로, 예후를 이스라엘을 다스리는 왕으로, 그리고 엘리야를 대신하여 엘리사가 선지자의 일을 수행하도록 기름 부으라는 사명을 주신다. 또한 하나님께서는 "오직 나만 남았다"고 거듭 말하던 선지자에게 엘리야 혼자만 남겨 둔 것이 아니라 바알에게 무릎 꿇지도 않았고 입 맞추지도 않은 7천 명의 신실한 사람들을 이스라엘 안에 남겨 두셨음을 말씀하시며 위로하신다(15-18절).

■ 새롭게 깨달았거나 적용할 내용이 있다면 적어 보세요. ■

제3과 복습문제

1. 하나님을 격노케 만든 이스라엘의 죄는 "여로보암의 길" 또는 "이스라엘로 범죄케 한 그의 죄"로 반복해서 언급되고 있는데 이것은 (   )이다.

2. 아합은 대환란 때 등장할 (   )의 예표이다.

3. 배교로 멸망해 가는 이스라엘 앞에 선지자 엘리야를 세워 거짓 선지자들을 상대하여 승리하게 하신 역사를 통해 이루고자 하셨던 것은 이스라엘의 회복이었는데, 실제로 엘리야는 장차 대환란 기간에 이스라엘을 그리스도께 돌이키기 위해 사역할 것이다. (O , X)

4. "불"은 당시의 백성들 앞에서 거짓 선지자들을 시험하는 시금석이 되었던 것처럼, 대환란 기간에도 모습을 나타낼 두 증인이 말라기 4장에서 예언된 두 선지자라는 사실을 확인시켜 주는 시금석이 될 것이다. (O , X)

5. 엘리야를 대신해 선지자의 임무를 수행하도록 기름부음 받은 사람은 누구인가? (   )

■ 복습 문제의 정답은 홈페이지(www.solomonbtc.org)에서 확인할 수 있습니다.

NOTES

NOTES

제4과

적그리스도의 예표인 아합 대 엘리야 (2)

(왕상 20-22장)

『자신을 팔아 **주**의 목전에 죄악을 행한 아합과 같은 자가 없었으니, 그의 아내 이세벨이 그를 충동하였도다』(왕상 21:25).

너희는 내가 주인 줄 알리라(20장)

1. 하나님께서는 악인의 죽음을 기뻐하시지 않고, 악인이 그의 길에서 돌이켜서 사는 것을 기뻐하신다(겔 33:11).

1) **하나님께서는 배교로 치닫고 있는 이스라엘이 돌이키기를 원하셨다**. 그래서 갈멜산에서 엘리야의 사역을 통해 이스라엘을 배교로 이끌었던 거짓 선지자들을 죽이시고 백성들의 마음을 주께로 돌이키셨다.

2) 비록 아합이 악한 왕이었다 해도 하나님께서는 그에게 시리아의 공격으로부터 두 번이나 위대한 구원을 베푸셨다. 그러나 경거망동한 아합은 승리에만 도취된 나머지 하나님의 계획을 방해하고 저주를 뒤집어썼다.

2. 부흥 뒤에는 항상 마귀의 공격이 뒤따르기 마련이다.

➡ 이스라엘의 영적 회복이 있었을 때, 이를 조롱이라도 하듯 시리아의 벤하닷은 32명의 왕과 연합군을 형성하여 쳐들어오더니, 사마리아를 포위하고 위협하면서 노예가 될 것을 요구했다. 이에 아합과 사마리아 성읍은 전전긍긍하게 된다(1-12절).

3. 이스라엘을 도우시는 하나님

1) 하나님께서는 겁에 질려 있는 아합에게 선지자를 보내셔서 이스라엘을 구원하실 것을 약속하셨고, 그것을 통해 "내가 주인 줄 알리라."라고 말

씀하셨다. 이에 아합 왕은 출정하여 하나님의 전술에 따라 행함으로써 "병사 수"만 믿고 전장에서 술판을 벌이던 벤하닷과 시리아 군대를 쳐부수고 승리하게 된다(13-21절).

『보라, 이스라엘의 아합왕에게 한 선지자가 가서 말하기를 "**주**께서 이같이 말씀하시기를 '네가 이 모든 큰 무리를 보느냐? 보라, 내가 오늘 그것을 네 손에 넘길 것이요, 너는 내가 **주**인 줄 알리라.' 하시나이다." 하니』(13절).

2) 하나님께서는 시리아의 두 번째 침공이 있을 것도 아합에게 미리 알려 주셨다.

➡ 해가 바뀌자 그 말씀대로 더 많은 수의 시리아 군대가 공격해 왔다. 하지만 두 떼의 적은 새끼 염소 같았던 이스라엘이 그 땅을 가득 채웠던 시리아 군대의 보병 10만 명을 하루에 죽였다. 27,000명은 아펙으로 도망했으나 성벽이 무너져 내려 몰살당했다(22-30절).

4. 아합의 교만

1) 교만하고 경솔하기 짝이 없는 아합은 하나님께서 주신 기회를 통해 얻은 큰 승리로 하나님께 영광을 돌려드리기는커녕 오히려 승리에 들뜨고 도취되어 목숨을 구걸해 오는 적장을 향해 "나의 형제"라고 말하면서 하나님께서 완전히 멸망시키기로 정해 놓으신 벤하닷을 살려주고 마치 자신이 아량이 넓은 성인군자처럼 행세했다. 하지만 이 일로 인해 "네 목숨으로 그의 목숨을 대신하고, 네 백성으로 그의 백성을 대신하리라."라는 끔찍한 저주를 받게 된다(31-43절).

2) <u>그리스도인은 자신의 기분이나 상황에 따라 하나님의 말씀을 대해서는 안 되고, 또 따르는 자세가 달라져서도 안 된다. 또한 주님을 섬기도록 주신 좋은 기회들을 자신의 사익을 위해 써서도 안 된다</u>.

➡ 사울이 그랬던 것처럼 아합도 하나님으로부터 받은 가장 좋은 섬김의 기회를 자신을 위해 사용했기 때문에, 결국 승리의 영광은 사라지고 저주가 임했다.

자신을 팔아 주의 목전에 죄악을 행한 아합(21장)

1. 나봇의 포도원을 탐내는 아합

➡ 포도원을 요구하는 아합에게 나봇이 하나님의 말씀을 근거로(레 25:23, 민 36:6,7) 거절하자 아합은 식음을 전폐하고 드러누워 버렸다. <u>자신의 욕구 앞에 하나님의 말씀이 무가치해져 버린 것이다</u>. 거절당한 것에 대해 분을 참지 못하는 옹졸한 자가 바로 아합이었다. 남편의 초라한 꼴을 본 아내 이세벨은 남편의 이름과 인장으로 나봇의 성읍의 장로들과 귀족들을 매수한 뒤, 대규모 집회를 열고, 나봇을 대적하여 거짓 증인들을 세우고, 하나님을 모독하였다는 누명을 씌워 율법에 따라 그를 돌로 쳐서 죽이고 그의 포도원을 강탈하여 아합에게 주었다(1-16절, 레 24:16).

2. 죄악에서 돌이키지 않은 아합

1) 『**총명한 사람은 악을 미리 보고 자신을 숨기나, 우매한 자는 계속 가다가 벌을 받느니라.**』(잠 22:3)라는 말씀처럼 우매한 아합은 반복되는 경

고와 기회에도 불구하고 우상들을 버리지 않았으며, 자신의 죄악의 길에서 돌이키지 않았고, 반복적인 악행들로 하나님을 더욱 격노케 했다. "자산을 팔아 주의 목전에 죄악을 행한 아합과 같은 자가 없었으니"라는 씻지 못할 오명과 자산을 맞바꾼 것이다.

2) 아합이 이런 인간이 되도록 부추긴 것은 다른 누구도 아닌 그의 사랑하는 아내 "이세벨"이었다. 아합은 아내를 통제하지 못했고 오히려 그녀에게 질질 끌려다녔다.

➠ 야곱의 인생을 고달프게 만들었던 그의 두 아내, 에서의 아내들, 솔로몬을 적그리스도의 예표가 되도록 했던 그의 아내들, 하나님을 속이는 데 동조했던 아나니아의 아내 삽피라 등도 남편을 패가망신시킨 아내들이었다.

3. 아합의 겸손

➠ 집안을 쓸어버리시겠다는 하나님의 강한 진노와 함께 저주가 쏟아지자 아합은 이전과 다르게 굵은 베를 두르고 금식하며 하나님 앞에서 겸손한 모습을 보였고 하나님께서는 재앙을 그의 아들의 날로 유보하셨다(17-29절).

■ 새롭게 깨달았거나 적용할 내용이 있다면 적어 보세요. ■

아합과 여호사밧의 죽음의 동맹(22장)

1. 여호사밧은 하나님을 찾고, 계명들대로 행하며, 그의 조상 다윗의 길을 따라 행하는 선한 왕이다.

➠ <u>여호사밧은 백성들에게 우상 숭배를 가르치던 아합과는 반대로 백성들에게 율법을 가르쳐 지키게 하였다</u>. 하나님께서는 그런 여호사밧을 강성하게 만드셨다. 특히 그는 막강한 군사력을 보유하였는데, 두 지파로 이루어진 군대임에도 불구하고 그 수가 116만 명에 육박했다. 이것은 다윗 왕 때 요압이 계수했던 병력에 버금가는 병력이었다(대하 17장). 그런 여호사밧이 사악한 아합과 친족 관계를 맺고 동맹을 하게 되는데 이 일로 인해 그는 하나님의 진노를 사게 된다(대하 18:1).

▣ 『그때 하나니의 아들 선견자 예후가 그를 맞이하러 나가 여호사밧왕에게 말하기를 "왕께서 악인들을 도와주시고 **주**를 미워하는 자들을 사랑함이 마땅하나이까? 그러므로 진노가 **주** 앞으로부터 왕에게 임하나이다."』(대하 19:2).

▣ 『악인의 길에 들어서지 말며 악한 자들의 길로 다니지 말라. 그 길을 피하고 그 길로 지나가지 말며 거기서 돌이켜 떠나라』(잠 4:14,15).

2. 여호사밧 왕에게 참전을 요구하는 아합

1) 아합은 막강한 여호사밧의 군대를 이용해 시리아에 빼앗겼던 라못 길르

앗을 되찾고자 여호사밧과 그 일행을 초청하여 성대한 잔치를 베풀고 함께 참전할 것을 설득했다(대하 18:2, 왕상 22:4).

➠ **하지만 하나님의 말씀을 항상 가까이했던 영적인 왕 여호사밧은 이번 전쟁에 관해 하나님께 묻기를 원했다**. 이에 아합이 사백 명의 선지자들을 불러왔는데, 여호사밧은 승리를 예언하는 이들이 가짜임을 단번에 알아보고는 "여기에 그 외에 우리가 물을 만한 주의 선지자가 없나이까?"라고 다른 선지자를 찾았고 결국 미카야가 불려왔다(5-8절).

2) **하나님의 말씀은 세상에 대해 부정적이다**. 그리고 그 말씀은 양날이 있는 어떤 칼보다도 예리하게 죄인들이 가진 마음의 생각들과 의도들을 판별하고 그들의 행위를 판단하는 살아 있고 능력 있는 말씀이기에 그 **하나님의 말씀을 있는 그대로 전파하는 설교자는 늘 증오의 대상이 되어 왔다**.

『그러므로 믿는 너희에게는 그가 귀중하나 불순종하는 자들에게는 건축자들이 버린 그 돌이 모퉁이의 머릿돌이 되고 또 넘어지게 하는 돌과 거치는 반석이 되었으니, 곧 불순종함으로 말씀에 걸려 넘어지는 자들에게니라. 그들은 또한 그렇게 되기로 정해졌느니라』(벧전 2:7,8).

3. 돌이키지 않는 죄인들

1) **죄인은 현재 자기가 서 있는 길과 가고 있는 길이 잘못된 길임을 안다. 문제는 돌이키지 않는다는 것에 있다**. 아합은 선지자의 입을 통해 당연히 나오리라고 예상했던 부정적인 예언을 듣고는 이제 곧 싸우게 될 시리아

와의 전쟁이 부정적인 결과를 가져올 것을 직감했다. 하지만 자신의 지혜와 자신이 보유한 군사력을 신뢰했는데, **이처럼 하나님의 말씀을 신뢰하지 않는 것은 육신적인 사람들의 전형적인 특징이다**(16-29절).

2) **하나님의 말씀은 어두운 곳에서 빛나는 빛이며, 어두움 가운데 우리가 가야 할 길을 비추는 등불이다(벧후 1:19, 시 119:105)**.

➠ 그러므로 진리를 소유하지 못한 자들과 진리의 말씀에 귀를 닫는 자들은 아합처럼 어두움 속에서 더듬거리는 자들이고, 자신을 기다리고 있는 사망을 향해 나아가는 자들이다. 결국 그들은 그 말씀에 걸려 넘어지게 된다(벧전 2:8).

『악인의 길은 암흑과 같아서 사람이 무엇에 걸려 넘어지는지도 알지 못하느니라』(잠 4:19).

4. 하나님께서는 악인을 심판하시기 위해 악한 영을 보내시기도 한다.

1) 아합을 심판하시기 위해 거짓말하는 영을 선지자들에게 넣으시어 "승리"를 예언하게 하심으로써 아합을 설득하셨다. 특히 시드기야와 같은 "탁월한" 거짓 선지자들을 통해 목적을 이루셨다.

2) 재판관기 9장에는 이스라엘을 구원한 기드온의 아들 칠십 명을 무참히 살해한 후 모략을 통해 스스로 왕이 된 아비멜렉이 나오는데, 하나님께서는 그런 아비멜렉을 심판하시기 위해 아비멜렉과 세켐 사람들 사이에 악한 영을 보내셨다. 한편 다윗을 높이시기 위해 불순종하는 사울 위에 악령을 보내시기도 했다(삼상 19:9).

5. 미가야의 예언을 두려워한 아합

1) 미가야의 예언에 겁이 난 아합은 여호사밧과 연합군을 형성하여 출전했음에도 불구하고 왕복을 벗고 군대 속으로 숨어 버렸다. 적들이 왕을 노릴 것을 안 것이다. 다시 말해 여호사밧을 표적이 되게 하고 자신은 숨어 버린 것이다(30-40절).

2) 하지만 그렇게 몸을 숨긴다고 해서 전쟁에서 살아남는 것이 아니다. 오히려 여호사밧 왕처럼 위급한 상황에서 주님을 찾을 때 그 "위협"을 피해 갈 수 있는 것이다(대하 18:31,32). 아합은 적군이 시험 삼아 쏜 화살에 맞았고, 결국 치열한 전쟁으로 전장에서 빠져나오지 못하고 죽었다.

6. 아이들은 부모를 보고 자란다.

1) "아합"은 그의 모든 악행을 그의 아버지와 어머니로부터 배웠으며 그의 조상들로부터 배웠다. 주의 말씀에 경청하고 순종한 "여호사밧" 역시 그의 아버지로부터 배웠고, 또 그의 조상들로부터 배웠다(cf. 52,53절).

2) 부모는 자신의 자녀들에게 무엇을 보여 주고, 무엇을 가르치고, 무엇을 남겨 주느냐에 따라 자녀들을 아합과 같은 자들이 되게 할 수도 있고, 또 여호사밧과 같은 사람들이 되게 할 수도 있다.

■ 새롭게 깨달았거나 적용할 내용이 있다면 적어 보세요. ■

제4과 복습문제

1. 이스라엘의 왕들 가운데 "자신을 팔아 주의 목전에 악을 행한 자"라는 치욕스러운 이름을 가진 사람은 누구인가? (   )

2. 하나님께서 완전히 멸망시키기로 정해 놓으셨으나 승리감에 도취된 아합이 살려 준 시리아 왕의 이름은 무엇인가? (   )

3. 아합 왕을 충동질하여 온갖 악행을 일삼게 했던 그의 아내의 이름은 무엇인가? (   )

4. 이스라엘의 악한 왕인 아합과 동맹하여 하나님으로부터 책망받은 유다 왕의 이름은 무엇인가? (   )

5. 하나님의 말씀은 (   )에 대해 부정적이며, 그 말씀은 양날이 있는 어떤 칼보다도 예리하게 죄인들이 가진 마음의 (   )과 (   )을 판별하고 그들의 (   )를 판단하는 살아 있고 능력 있는 말씀이기에 그 하나님의 말씀을 있는 그대로 전파하는 설교자는 늘 증오의 대상이 되어 왔다.

■ 복습 문제의 정답은 홈페이지(www.solomonbtc.org)에서 확인할 수 있습니다.

NOTES

NOTES

제5과

아합 집안을 진멸시킨 예후와 그 이후의 배교 (왕하 1-12장)

『너는 네 주인 아합의 집을 치라. 내가 이세벨의 손에서 *흘린* 나의 종 된 선지자들의 피와 **주**의 모든 종들의 피를 복수하리라』(왕하 9:7).

엘리야에게 책망받은 아하시야(1장)

북왕국의 아하시야 왕은 다락방 난간에서 떨어져 병이 들었을 때 에크론의 신 바알세붑에게 병의 회복을 물으러 사자들을 보냈다가, 엘리야로부터 『**이스라엘에 하나님이 없어서 너희가 에크론의 신 바알세붑에게 물으러 가느냐? 그러므로 주가 이같이 말하노라. 너는 네가 올라간 그 침상에서 내려오지 못하고 반드시 죽으리라.**』라는 책망과 저주를 들었다(왕하 1:1-4).

1. 아하시야는 가다 말고 돌아온 사자들에게서 "어떤 사람"의 말을 전해 들었고, 그의 생김새에 대해 듣고는 그가 티셉인 엘리야임을 알게 되었다.

『왕이 그들에게 말하기를 "너희를 만나러 올라와서 너희에게 이런 말을 한 그 사람의 모습이 어떠하더냐?" 하니, 그들이 그에게 대답하기를 "그는 털이 많은 사람이요, 허리에는 가죽띠를 띠었더이다." 하자 왕이 말하기를 "그는 티셉인 엘리야니라." 하더라』(왕하 1:7,8).

1) **엘리야는 "우리와 같은 성정에 속한 사람"(약 5:17)이었지만, 하나님께 능력을 받은 "하나님의 사람"(9-12절)이었다.**

2) "하나님의 사람"은 하나님의 명령을 수행함으로써 하나님을 높여 드렸고(3절), 하나님께 보호를 받았으며(10,12절), 그 능력으로 권위를 인정받

았다(13,14절).

3) 성경에서 "하나님의 사람"이라는 명칭은 모세에게(신 33:1) 최초로 주어졌고, 그다음으로는 사무엘(삼상 9:6,7), 스마야(왕상 12:22), 엘리야(왕하 1:9-13), 엘리사(왕하 4:9), 다윗(대하 8:14), 디모데(딤전 6:11)에게 부여되었다. **어느 무명의 선지자들도 하나님의 사람이라고 불렸는데(삼상 2:27, 왕상 13:4), 이 점은 엘리야처럼 비상한 능력을 행해야만 하나님의 사람이 되는 것은 아님을 보여 준다**. 기본적으로 하나님의 사람은 하나님을 두려워하여 그분의 뜻을 행하고 세상을 향해 죄에 대해 경고하는 사람을 의미한다.

휴거되는 엘리야 vs. 남겨진 엘리사(2장)

1. 엘리사는 엘리야가 휴거될 때까지 벧엘과 여리코로 그와 끝까지 동행했다(2,4절).

1) 엘리야의 휴거는 환란 후 휴거의 모형이다(계 11:12; 7:13,14; 14:1,14-16; 15:2).

2) 만일 엘리사가 엘리야의 지시대로 벧엘이나 여리코에 머물렀다면 그는 엘리야가 휴거되는 모습을(11절) 보지 못했을 것이고, 그의 영의 두 배의 분량을(9,10절) 받지 못하여 사역에 임하지도 못했을 것이다.

3) **하나님의 사람과 끝까지 동행하면서 그로부터 영적인 것들을 배워 실행**

하는 것은 성도의 삶과 섬김에 있어서 매우 중요하다.

『그러나 너는 나의 교리와 생활 방식과 목적과 믿음과 오래 참음과 사랑과 인내와 박해와 고난, 곧 안티옥과 이코니움과 루스트라에서 내게 일어났던 일들을 온전히 알았거니와, 내가 어떤 박해를 당했을지라도 주께서는 이 모든 것 가운데서 나를 구해 내셨느니라. 실로 그리스도 예수 안에서 경건하게 살고자 하는 모든 사람은 박해를 받을 것이라. 악한 사람들과 사기꾼들은 더욱 악해져서 속이기도 하고 속기도 하리라. 그러나 너는 네가 배운 것과 확신한 것에 꾸준히 거하라. 네가 누구에게서 배웠는가를 알며 또 어릴 때부터 네가 성경을 알았으니, 그 성경은 너로 그리스도 예수 안에 있는 믿음으로 인하여 구원에 이르도록 지혜롭게 할 수 있느니라』(딤후 3:10-15).

2. 엘리사는 엘리야가 떠난 뒤 곧바로 스승의 발자취를 밟기 시작했다.

그는 엘리야가 외투를 말아 물들을 쳐서 요단강을 가른 것처럼(8절), 엘리야에게서 떨어진 외투를 집어 물들을 쳐서 요단강을 갈랐다(13,14절). 이 모습을 본 선지자들의 아들들은 엘리야의 영이 엘리사 위에 머물러 있음을 알고 그에게 와서 땅에 엎드렸다(15절).

1) 엘리사는 더 이상 엘리야와 함께 있던 과거에 머무르지 않고, 현재의 섬김을 위해 하나님께 능력을 구하기 시작했다. 엘리야가 아닌 "엘리야의 하나님"을 신뢰하는 것만이 자신의 사역이 성공하는 길임을 엘리사는 직시했던 것이다. **『엘리야의 주 하나님은 어디 계시나이까?』**(14절)

2) 엘리사는 엘리야의 휴거를 관망하는 자가(3절) 아니라 그 자리에 참여하는 자였고(11절), 쟁기를 잡고 뒤를 돌아보는(눅 9:62) 자가 아니라 미래를 향해 쟁기를 이어받아 일하는 자였다.

3. 엘리사가 요단강을 가른 뒤에 행한 최초의 사역은 쓸모없는 물과 불모의 땅을 소금으로 치유한 일이었다(19-22절).

➠ 소금은 부패를 방지하는 역할을 하는데, 이후로 엘리사는 자기 민족이 죄로 부패하는 것을 막기 위한 능력 있는 사역을 펼치게 된다. 벧엘로 올라가던 엘리사를 가리켜 벧엘로 우상 숭배하러 올라가는 대머리라고 조롱하는 어린아이들을 주의 이름으로 저주하자 숲에서 암곰 두 마리가 나와 마흔두 명의 아이들을 찢어 버렸다(24절, cf. 레 19:32).

엘리사의 사역에 동반된 기적들

1. 엘리사는 열왕기하 3장에서 남왕국과 북왕국의 연합군이 모압 왕을 대적하러 가는 길에 물이 떨어지자 마른 골짜기가 물로 가득 차는 기적을 행했다(왕하 3:16-20).

➠ 이 점은 아무리 군대가 많다 해도 하나님께서 돕지 않으시면 아무것도 아님을 보여 준다(cf. 판 15:18-20). 모압인들의 군대는 아침에 떠오르는 태양이 그 물에 비친 모습을 붉은 피로 보았다. 그들은 남북 연합군이 서로 싸워 죽인 것으로 오해하여 약탈하러 갔지만, 오히려 그곳에서

연합군에게 대패하고 말았다(왕하 3:22-25).

2. 이외에도 엘리사의 삶은 기적으로 가득했다.

1) 어떤 선지자의 미망인의 집에 기름을 가득 채워 주었다(왕하 4:1-7). [엘리야는 사르밧 과부를 기적적으로 먹였다(왕상 17:16).]

2) 수넴 여인에게는 아들을 낳게 해 주었고, 또 그 아들이 죽었을 때는 살려 주기도 했다(왕하 4:8-37). [엘리야는 사르밧 과부의 아들을 살려 주었다(왕상 17:22).]

3) 독이 든 국을 먹은 선지자의 아들들을 치유해 주었다(왕하 4:38-41).

4) 보리빵 20덩이와 옥수수 한 자루로 일백 명을 먹였으며(왕하 4:42-44), 나아만의 문둥병을 치유해 주기도 했다(왕하 5:1-27).

(1) 이 점은 초림 때 보리빵 다섯 덩이와 물고기 두 마리로 오천 명을 먹이시고, 문둥병자를 치유하신 예수 그리스도를 보여 준다. 엘리사는 기적을 베푸시는 선지자로서의 예수 그리스도를 예표한다.

(2) 문둥병은 성경에서 죄의 예표이다(레 13장). 엘리사의 종 게하시는 "탐욕"과 "속임수" 때문에 문둥병자가 되었고(왕하 5:20-27), 미리암은 "시기"와 "반역"으로 문둥병자가 되었다(민 12장). 웃시야 왕은 "교만"으로 인해 문둥병자가 되었다(대하 26:16-23).

➡ 이 인물들과 관련된 죄들은 죄인들이 기본적으로 짓는 죄의 목록에 포함되어 있다(롬 1:29-31). 예수 그리스도께서 문둥병자를 치유하신 일은 인류를 죄에서 구원하실 분은 예수 그리스도 한 분

뿐이심을 보여 준다(요 8:32,34-36, 롬 6:22, 골 1:14, 요일 1:7).

5) 물에 빠진 도끼를 물에서 떠오르게 했고(왕하 6:1-7), 시리아의 군사들을 눈멀게 했으며(왕하 6:18-23), 시리아의 군대에게 하늘의 군대의 소리를 들려줌으로 급히 도망가게 하기도 했다(왕하 7:1-20).

6) <u>엘리사가 죽은 이후 그의 무덤에 어떤 죽은 사람을 던지자 그의 뼈에 닿은 그 죽은 자가 살아나기도 했다(왕하 13:20,21)</u>.

➠ 엘리사는 그의 죽음에도 능력이 있었다. 그가 예표하는 예수 그리스도 역시 그분의 죽음에 능력이 있으시다(롬 5:10). 예수 그리스도의 죽음과 부활은 그분 안으로 침례받은 죄인들의 영적인 부활과 육적인 부활을 보장한다(롬 6:3-5,8,9).

7) 이외에도 엘리사는 불병거로 호위를 받았고(왕하 6:17, 엘리야는 불병거를 타고 올라갔음 - 왕하 2:11), "이스라엘의 병거와 그 기병들"이라는 칭호를 받았다(왕하 13:14, 엘리야도 마찬가지였음 - 왕하 2:12).

엘리야와 엘리사 같은 능력 있는 선지자들의 사역에도 불구하고 이스라엘의 범죄는 줄지 않았다. 가장 악했던 시기였기 때문에 가장 강한 선지자들을 보내신 것인데, 그런데도 이스라엘은 바로잡히기를 거부했다. 하나님께서는 그 백성들을 사랑하셨기에 선지자들을 통해 그들을 계속 부르고 계셨지만, 그 민족은 점점 더 배교의 늪으로 빠져들었던 것이다. 이로써 솔로몬의 범죄로 떨어져 나갔던 북왕국 이스라엘은 B.C. 721년에 앗시리아에게 멸망당하고 만다.

수넴 여인의 고난이 주는 교훈(8장)

『그가 왕에게 엘리사가 죽은 시체를 생명으로 회생시킨 일을 이야기하는데, 보라, 엘리사가 아들을 생명으로 회생시켜 준 그 여인이 자기의 집과 땅을 위하여 왕에게 부르짖는지라, 게하시가 말하기를 "오 내 주 왕이여, 이 여인이 그 여인이고, 이 아이가 엘리사가 생명으로 회생시켜 준 그 아들이니이다." 하더라. 왕이 그 여인에게 물으니 그 여인이 그에게 고하더라. 그리하여 왕이 그녀를 위하여 한 관원을 임명하여 말하기를 "이 여인이 그 땅을 떠난 날부터 지금에 이르기까지 그녀에게 속한 모든 것과 들의 모든 소산을 돌려주라." 하더라』(왕하 8:5,6).

1. 수넴 여인은 엘리사의 말을 듣고 기근을 피해 칠 년간 필리스티아인들의 땅에 기거하다가 돌아왔다(1,2절).

➡ 칠 년이 지나서 돌아와 보니 자기 집과 땅이 더 이상 자신의 소유가 아님을 알게 된 그녀는 왕에게 호소하러 갔는데, 바로 그때 엘리사의 종 게하시가 그 여인의 죽은 아들이 엘리사에 의해 회생한 사건을 이야기하고 있었던 것이다(4,5절). 왕의 마음은 이 기막힌 "우연의 일치"로 인해 여인을 향해 마음이 활짝 열려 그녀의 문제를 해결해 주었다(6절).

2. 하나님께서는 그분께 신실하고 그분의 종에게 친절을 보인 수넴 여인의 믿음과 덕을 잊지 않으셨고, 절묘한 타이밍에 갚아 주셨다.

➡ 하나님께서는 우리의 앞날에 무슨 일이 닥칠지를 모두 알고 계시기 때

문에 그 해결 방안까지도 미리 마련해 두신다. **그리스도 안에 있는 성도들에게 일어나는 모든 일은 우연이 없다**. 하나님께서 그분의 자녀인 우리에게 고난을 허락하신다면 불평하지 말고 무릎부터 꿇어야 한다. 하나님의 뜻을 알기 위해 기도하고, 장차 그분께서 어떻게 역사하실지를 기대해야만 한다. **왜냐하면 하나님의 자녀들에게는 주위에서 일어나는 모든 일이 합력하여 선을 이루기 때문이다(롬 8:28)**.

아합 집안을 멸절시킨 예후(9,10장)

『예후가 일어나 집으로 들어가니 그가 예후의 머리에 기름을 붓고 그에게 말하기를 "이스라엘의 **주** 하나님이 이같이 말하노라. 내가 **주**의 백성, 곧 이스라엘을 다스리는 왕으로 너에게 기름 부었노라. 너는 네 주인 아합의 집을 치라. 내가 이세벨의 손에서 *흘린* 나의 종 된 선지자들의 피와 **주**의 모든 종들의 피를 복수하리라. 그러므로 아합의 온 집이 멸망하리니 내가 담벼락에 오줌누는 자와 이스라엘에서 갇힌 자와 남겨 둔 자를 아합에게서 끊어 버리리라. 내가 아합의 집을 느밧의 아들 여로보암의 집과 같게 하며 또 아히야의 아들 바아사의 집과 같게 하리니 개들이 이스르엘의 땅에서 이세벨을 먹을 것이요, 그녀를 장사할 사람이 한 사람도 없으리라." 하더라. 그리고 그가 문을 열고 도망하니라』(왕하 9:6-10).

1. 하나님께서는 열왕기상 19:15-17(예후에게 기름부음)과 21:21-26(아합 집안의 멸절)에서 예언하신 것을 열왕기하 9장에서 성취하기 시작하신다.

1) "예후"에게 기름을 부으라는 명령은 낙담한 엘리야에게 주신 새로운 사명 가운데 하나였지만, 그 일은 선지자 엘리사를 통해 그의 청년 선지자에게 위임되었다(9:1 4). 죄는 시간이 흐르더라도 반드시 심판을 받으며(민 32:23), 하나님의 말씀은 반드시 성취된다(사 55:10,11).

2) 이후 왕으로 선언된(9:13) "예후"는 이세벨이 죽인 나봇의 땅에서 만난 아합의 아들 요람 왕을 죽였고 그를 나봇의 밭에 던지게 했다(9:21-26). 당시 요람과 함께 있던(9:16) 유다의 아하시야 왕도 예후에 의해 죽었다(9:27,28).

3) 요람을 죽인 예후가 그의 어머니 이세벨에게 갔을 때 두 명의 내시가 그녀를 창문으로 던졌는데, 이세벨의 시신은 개들이 먹어 버려 장사할 수도 없게 되었다. 이 일은 엘리야를 통해 하신 말씀이 성취된 사건이었다.

『그들이 그녀를 장사하러 갔으나 그녀의 두개골과 발과 손바닥 외에는 찾지 못하였더라. 그리하여 그들이 돌아와서 예후에게 고하니 예후가 말하기를 "이것은 주께서 그의 종 티셉인 엘리야를 통하여 말씀하신 **주**의 말씀이니 말씀하시기를 '이스르엘의 땅에서 개들이 이세벨의 살을 먹으리라. 이세벨의 시체가 이스르엘 땅에서 밭 위의 똥같이 되리니 사람들이 이것이 이세벨이라 하지 못하리라.' 하셨느니라." 하더라』(왕하 9:35-37). cf. 왕상 21:23

■ 새롭게 깨달았거나 적용할 내용이 있다면 적어 보세요. ■

2. 주님을 위한 예후 자신의 열심

예후는 사마리아에 있는 아합의 아들들 70명도 그들을 양육하는 성읍의 존귀한 사람들에게 편지를 보내어 멸절시켰으며, 이로써 이스르엘에 있는 아합의 집에 남아 있는 모든 자들을 죽이되, 그의 모든 존귀한 자들과 그의 친척들과 그의 제사장들을 하나도 남기지 않고 죽였다(10:1-11). 예후는 사마리아로 오던 중에 만난 유다 왕의 아하시야의 형제들 42명도 죽였고(10:12-14), 사마리아에 이르러서는 그곳에 남아 있는 아합 집안 사람들을 멸절시킨 결과 엘리야에게 하신 주의 말씀이 모두 이루어졌다(10:15-17). 예후는 이 일을 가리켜서 주님을 위한 자신의 열심이라고 말했다(10:16).

1) **아합의 집안이 하나님의 혹독한 심판을 받은 것은 그가 나봇의 포도원을 빼앗은 일에서 발단이 되었지만, 더 근본적인 원인은 그 집안이 이스라엘에 바알 숭배를 퍼뜨려서 민족의 멸망을 재촉한 것에 있다**.

2) 선지자 엘리야는 아합 왕의 그 죄가 이스라엘을 괴롭혔다고 적시했다(왕상 18:18). **죄는 한 개인을 괴롭히고, 한 민족을 괴롭히며, 하나님을 괴롭게 만든다**.

3) **"죄"는 하나님께서 싫어하시는 유일한 한 가지인데**, 죄로 인해 하나님의 아들께서 십자가에 매달리셔야 했고(사 53장), 지옥은 한없이 확장되고 있으며(사 5:14), 죄인들은 여전히 하나님의 영광에 이르지 못하고 있는 것이다(롬 3:23). 그러나 예수 그리스도께서 십자가에서 죄를 처리하셨기에 그분을 믿는 성도들은 하나님의 영광에 이를 수 있게 되었다(롬

15:7). 죄는 죄일 뿐이다. 죄의 속임수에 또다시 빠지지 말라. 그러한 일은 성도의 삶에서 완전히 제거되어야 한다. 『**오직 오늘이라고 부르는 동안 매일 서로 권면하여 너희 중 아무도 죄의 속임수에 빠져 완아하게 되는 일이 없도록 하라**』(히 3:13).

3. 예후는 아합 집안을 멸절시킨 후 그의 열심을 바알 숭배자들을 멸절시키는 일로 이어지게 했다(10:18-28).

예후는 바알 숭배자들을 살육하고, 바알의 형상을 부수고, 바알의 집을 헐어 야외 변소를 만들었다. 하지만 주님을 위한 그의 열심은 거기서 그치고 말았다.

1) 예후는 아합의 집안을 진멸시키는 일에는 온전하여 주님께 칭찬과 보상을 받았지만(30절), 이스라엘로 죄를 짓게 한 느밧의 아들 여로보암의 죄들에서는 떠나지 않아 그의 개혁에 한계를 드러내고 말았다(10:29,31). "바알 숭배"는 근절시켰지만, 그 자신은 여전히 벧엘과 단의 금송아지 숭배자로 남았던 것이다.

2) 그 죄로 인해 주님께서는 하사엘을 통해 이스라엘을 조금씩 잘라내기 시작하셨다(10:32-34). 죄는 그동안 보유해 온 "영역"의 상실을 가져온다.

3) 한 가지 악을 제거했다고 해서 이스라엘 전체가 개혁된 것은 아니었다. 개혁 이후에도 "경건"이 계속해서 뒷받침되지 않으면 나중 상태가 처음보다 더 악화된다(마 12:43-45). 이스라엘은 결국 바알 숭배로 회귀했고 (왕하 17:16) 앗시리아에 의해 멸망하고 말았다.

제5과
복습문제

1. 엘리야는 우리와 같은 성정에 속한 사람이면서 동시에 (   )의 사람이었다.

2. 엘리사는 기적을 베푸는 (   )로서의 예수 그리스도를 예표한다.

3. 수넴 여인의 삶을 통해 배울 수 있는 영적 교훈은 그리스도 안에 있는 성도에게 일어나는 일은 (   )이 없다는 것이다.

4. 아합 집안을 멸절시키라고 세움을 받은 인물은 (   )였다.

5. (   )는 하나님께서 싫어하시는 유일한 한 가지이다.

6. 개혁 이후에 (개혁 , 경건)이 계속해서 뒷받침되지 않으면 나중 상태가 처음보다 더 악화된다.

■ 복습 문제의 정답은 홈페이지(www.solomonbtc.org)에서 확인할 수 있습니다.

NOTES

NOTES

NOTES

第6과

모반과 사로잡힘으로 종결된 북왕국의 역사 (왕하 13-17장)

『여호아하스가 **主**의 목전에 악을 행하여 이스라엘로 죄를 짓게 한 느밧의 아들 여로보암의 죄들을 따랐으며, 그가 거기서 떠나지 아니하였더라』(왕하 13:2).

사 대에 걸친 예후의 아들들의 치리(13-15장)

1. 여호아하스(13:1-9)

1) 예후의 아들로서 사마리아에서 이스라엘을 17년간 치리했고, 그의 아버지와 마찬가지로 느밧의 아들 여로보암의 죄들을 따랐다(1,2절, cf. 왕상 12:25-33).

➠ 이 죄로 인해 주님께서는 이스라엘을 시리아의 두 왕 하사엘과 그의 아들 벤하닷에게 넘겨서 그들에게 억압당하게 하셨다(3절).

2) 여호아하스의 간구로 한 구원자를 통해 시리아의 손에서 벗어나게 하셨지만, 그럼에도 불구하고 북왕국은 여로보암의 죄들에서 떠나지 아니하고 사마리아에 아세라도 남겨 두었다(5,6절).

➠ 주님께 부르짖어 그분의 마음에 연민만 불러일으키게 했지, 그와 그의 백성은 진실로 회개하지 않은 것이다. 여기서 우리는 연약한 육신들을 불쌍히 여기시는 하나님의 자비를 읽을 수 있다.

『주는 자비로우시고 은혜로우시며 노하기를 더디하시고 자비가 풍성하시도다. 그는 항상 꾸짖지만은 아니하실 것이며 분노를 영원히 품지도 아니하시리로다. 그는 우리의 죄들을 따라 우리를 처리하지 아니하시며 우리의 죄악들을 따라 우리에게 갚지 아니하셨으니 이는 하늘이 땅보다 높음같이 그의 자비가 그를 두려워하는 자들에게 크심이라』(시 103:8-11).

2. 여호아스(요아스, 13:10-25)

1) 여호아하스의 아들로서 사마리아에서 이스라엘을 16년간 치리했는데, 그 역시 이스라엘로 죄를 짓게 한 느밧의 아들 여로보암의 모든 죄에서 떠나지 않았다(10,11절). 그가 유다의 아마샤 왕과 싸운 그의 권세가 이스라엘 왕들의 역대서에 기록되어 있으며, 그가 죽자 그의 아들 여로보암이 그의 보좌에 앉았다(12,13절). 이 여로보암은 흔히 "여로보암 2세"로 불린다.

2) 중간에 "엘리사의 죽음"에 관한 이야기가 삽입되어 있는데(14-21절), 엘리사는 죽기 전에 요아스(여호아스) 왕에게 활과 화살들을 취하라고 했다. 활을 잡고 동편으로 열린 창문으로 화살을 쏘라고 했으며, 여기에서 화살이 상징하는 바에 대해 『**주의 구원의 화살이요, 시리아로부터 구원하시는 화살이오니, 왕께서는 아펙에서 시리아인들을 치시어 그들을 진멸하시리이다.**』(17절)라고 했다.

3) 화살들을 취해서는 그것들로 "땅을 치라"고 했는데, 요아스가 손에 쥔 화살들로 땅을 "세 번만" 치고 그치자 엘리사가 화를 냈다.

> 『그러므로 하나님의 사람이 왕에게 노하여 말하기를 "왕은 대여섯 번 치셨어야 했나이다. 그랬더라면 왕께서는 시리아를 진멸할 때까지 치셨을 것이나, 이제 왕은 시리아를 단지 세 번 치실 것이니이다." 하더라』(왕하 13:19).

(1) 요아스가 범한 잘못은 조금 전 엘리사를 통해 주신 말씀을 제대로 경청하여 실행하지 않았다는 데 있었다. 엘리사는 요아스가 손에

쥔 화살이 무슨 의미를 갖고 있는지 설명해 주었는데(13:17), 요아스는 그 화살들로 땅을 칠 때 그 점을 유념했어야 했다. 하지만 그는 유념하지 않았고, 결국 『**주의 구원의 화살**』, 곧 『**시리아로부터 구원하시는 화살**』로 땅을 세 번만 침으로써 시리아를 단지 세 번만 치고 그치게 되었다. 만일 땅을 대여섯 번 쳤더라면 엘리사의 말대로 시리아를 진멸시킬 수 있었을 것이다.

요아스에게는 화살들로 땅을 다시 칠 기회가 주어지지 않았다. 하나님께서 주신 기회는 이처럼 일회성일 수도 있다. 우리에게 어떤 기회를 주셔서 섬기게 하셨다면 그 기회를 절대 놓치지 말아야 한다.

(2) 하나님의 말씀을 정확히 새겨듣지 않은 결과는 훗날 중대한 문제를 일으키게 되는데, 모세 역시 "바위에게 말하라"는 말씀을 무시했기에(민 20:8-13) 결국 약속의 땅에 들어가지 못했다.

(3) 이 점은 성경에서 단 한 글자라도 변개시키는 자들의 죄와 그 결말이 얼마나 중하고 끔찍할 것인가를 잘 보여 주고 있다(계 22:19).

4) 엘리사의 죽음과 장사에 뒤이어 모압인들의 침략이 있었는데(13:20), 당시 한 사람을 장사하고 있던 자들이 모압의 군대가 있는 것을 보고서 원래의 목적대로 무덤을 파지 못하고 시신을 엘리사의 무덤에 던져 버렸다. 바로 그때 그 시신이 엘리사의 뼈에 닿자 살아나서 두 발로 서는 기적이 일어났다(13:21). 엘리야의 영의 두 배의 분량을 지닌(왕하 2:9,10) 엘리사는 살아 있든지 죽어 있든지 말 그대로 "기적의 선지자"였다.

5) 여호아스의 아버지 여호아하스의 치리 기간에 시리아의 하사엘 왕이 억

압했지만, 하나님께서는 그들에게 자비를 베푸시고 가엾게 여기시어 그들을 멸하기를 원치 않으셨는데, 이것은 "아브라함과 이삭과 야곱과 맺은 주의 언약" 때문이었다. 즉 그때까지는 그들을 그분의 면전에서 버리지 않으신 것이다(13:23). **아브라함의 씨인 그들은 아브라함의 언약에 근거하여 그 약속의 땅에 살아야 했기에(창 15:18-21) 하나님께서는 그들의 중한 죄에도 불구하고 오래 참으신 것이다**.

6) 여호아하스의 아들 여호아스는 하사엘의 아들 벤하닷의 손에서 하사엘이 여호아하스의 손에서 빼앗아 간 성읍들을 되찾았다. **그는 벤하닷을 세 번 치고(18절) 이스라엘의 성읍들을 회복했다(25절)**.

7) 열왕기하 14장에는 유다 왕 아마샤의 치리 중에 있었던 여호아스와의 전쟁이 기록되어 있다. 그때 여호아스는 유다의 아마샤 왕을 사로잡았고, 예루살렘의 성벽 일부를 헐고 성전 기명들을 취하고 인질들을 사마리아로 사로잡아 가는 전공을 세웠다(14:8-14).

3. 여로보암 2세(14:23-29)

1) 요아스(여호아스) 왕의 아들로서 예후가 그의 증조부다. 그 역시 이스라엘로 죄를 짓게 한 느밧의 아들 여로보암의 모든 죄들로부터 떠나지 않았다(23,24절).

2) 여로보암 2세는 『**가드헤벨 사람, 아밋태의 아들, 주의 종 선지자 요나**』(25절)의 손을 통해 말씀하신 주 하나님의 말씀대로 이스라엘의 지경을 하맛 입구에서부터 평원의 바다까지 회복했다(25-27절).

➠ 초림 당시 예수님을 대적했던 유대인들은 예수님께서 주로 사역하신 갈릴리에서는 어떤 선지자도 나오지 않는다고 하면서 성경을 찾아보라고 했는데(요 7:52), 열왕기하 14:25에서는 갈릴리 출신인 선지자 요나를 언급함으로써 그들이 거짓말했음을 보여 주고 있다.

4. 사카랴(15:8-12)

1) 여로보암 2세의 아들이며, 이스라엘을 6개월간 치리했다. 그 역시 느밧의 아들 여로보암의 죄들에서 떠나지 않았고, 그런 그를 야베스의 아들 살룸이 모반하여 백성 앞에서 쳐서 죽이고 그를 대신해 왕이 되었다.

2) "사카랴"를 끝으로 예후의 왕조는 막을 내렸는데, 이는 『**네 아들들이 이스라엘의 보좌에 사 대까지 앉으리라.**』(12절)라는 주의 말씀 때문이었다(왕하 10:30).

연속되는 모반

1. 살룸(15:13-16)

1) 살룸은 사마리아에서 만 한 달을 치리했다. 가디의 아들 므나헴이 티르사로부터 사마리아로 올라와 사마리아에서 살룸을 쳐서 죽이고 그를 대신해 왕이 되었다.

2) 므나헴은 탑사를 치고 그 안에 아이 밴 모든 여인들의 배를 갈랐다.

2. 므나헴(15:17-22)

1) 가디의 아들 므나헴은 사마리아에서 10년 동안 이스라엘을 치리했으며, 그 역시 느밧의 아들 여로보암의 죄들에서 떠나지 않았다.

2) 앗시리아 왕 "풀"이 그 땅을 치러 왔을 때 풀의 힘을 빌려 자기 손안에서 왕국을 확고히 하려고 모든 부자로부터 거둔 은 일천 달란트를 그 왕에게 주고는 그를 돌려보냈다(19,20절). **므나헴에게는 모반이 일어나지 않았으며, 그의 아들 프카히야가 그를 대신해 왕이 되었다.**

3. 프카히야(15:23-26)

1) 므나헴의 아들이며, 사마리아에서 2년을 치리했다. 그 역시 느밧의 아들 여로보암의 죄들에서 떠나지 않았다.

2) 그의 대장 르말랴의 아들 페카가 그에게 모반하여 사마리아의 왕궁에서 그를 쳐서 죽이고 그를 대신해 왕이 되었다.

4. 페카(15:27-31)

1) 페카는 사마리아에서 이스라엘을 20년간 치리했다. 그 역시 느밧의 아들 여로보암의 죄들에서 떠나지 않았다.

2) 페카 왕 때 앗시리아의 티글랏필레셀 왕이 와서 이욘과 아벨벳마아카와 야노아와 케데스와 하솔과 길르앗과 갈릴리와 납달리 온 땅을 빼앗고

백성들을 사로잡아 앗시리아로 끌고 갔다(29절).

3) 엘라의 아들 호세아가 모반하여 페카를 쳐서 죽이고 그를 대신해 왕이 되었다.

➡ 모반은 인간의 타락한 본성에 내재한 반역적 성품에서 비롯된 것으로, 그 기원은 하나님의 보좌를 넘봤던 루시퍼까지 거슬러 올라간다(사 14:13). 반역하여 위로 올라가려 했던 루시퍼는 추락했고(15절, cf. 눅 10:18, 계 12:9; 20:10), 반대로 아래로 겸손히 내려가신 예수 그리스도께서는 지극히 높임을 받으셨다(빌 2:1-11). 루시퍼의 접근법과 예수 그리스도의 접근법은 완전히 달랐던 것이다.

앗시리아에 사로잡혀 가는 북왕국 이스라엘

그동안 북왕국을 오래 참아 오신 주님께서 드디어 앗시리아 군대를 불러와 그들을 끌고 가게 하셨다. 하나님께서는 오늘날에도 그분의 백성에 대해 오래 참으시다가 죄에 대한 징계에 착수하실 수 있다. 『**주**로다. 자비롭고, 은혜로우며, 오래 참고, 선함과 진리가 풍성한 **주** 하나님이로다』(출 34:6). 그러나 『네가 그분의 선하심이 너를 회개하도록 인도하심을 알지 못하고 하나님의 선하심과 관용과 오래 참으심의 풍성함을 무시하는 것이냐?』(롬 2:4) 하나님의 오래 참으심을 시험하지 말라!

1. 북왕국이 포로로 사로잡혀 간 원인들

1) 그들은 자기들의 민족을 출애굽시키시어 약속의 땅에 안착시키신 하나

님의 은혜와 자비를 망각했다(17:7a).

➠ 하나님께 지속적으로 신실할 수 있는 가장 좋은 방법은 "하나님께서 지난 세월 동안에 내게 행하신 일들을 잊지 않고 늘 기억하는 것"이다(딤후 4:18).

2) 그들은 하나님이 아닌 이방 신들을 두려워하여 그들을 모방했다(17:7b-11).

➠ 이로써 주 여호와 하나님에 대한 유일 신앙이 더럽혀졌고 온 나라에 형상들이 세워졌다(10절). 그들은 그분의 말씀을 거부했고(17:13,14), 성경에 기록된 모든 부정적인 진리들을 거부했다(17:15). 세상을 의식하고 두려워하는 것이야말로 교회 안에 세상이 들어와 모든 것을 점유하고 황폐화시키는 첩경이 된다는 사실을 잊지 말아야 한다.

3) 그들은 우상 숭배의 죄에 관한 "주님과 그분의 종들의 경고"를 무시했다(17:13,14).

➠ 경고를 들으면 들을수록 주님께로부터 더 물러나서 우상들과 결합했다(17:15-17). 각 시대마다 하나님께서 세우신 종들이 있는 법인데, 그들을 통해 주시는 주의 말씀과 경고들을 무시한 결과 모든 시대가 배교로 끝나고 말았다. 오늘날 마지막 라오디케아 교회 시대도 예외가 아니며 결국 그 종말에 이르렀다.

마침내 하나님께서는 이스라엘에게 심히 분노하시어 그분의 목전에서 그들을 제거하셔야 했다(17:18). 남왕국 유다도 하나님의 계명들을 지키지 아니하고 북왕국이 만든 규례들대로 행하는 죄를 범했는데(17:19), 주님께서는 이 점을 "아홀라"(언니, 사마리아)와 "아홀리바"(동생, 예루살렘)의 비유를

들어 지적하셨다(겔 23장). 주님께서는 아홀리바(남왕국)의 음란함이 아홀라(북왕국)의 그것보다 더 심해졌다고 말씀하셨다(겔 23:11).

사마리아인들의 기원

1. 열왕기하 17:24-41에는 "사마리아인들의 기원"이 기록되어 있다.

『그때 앗시리아 왕이 올라가서 온 땅을 두루 다니고, 또 사마리아로 올라가서 삼 년간 포위하였더라. 호세아 제구년에 앗시리아 왕이 사마리아를 취하고 이스라엘을 앗시리아로 끌고 가서 고산 강 곁에 있는 할라와 하볼과 메데인들의 성읍들에 두었으니... 앗시리아 왕이 바빌론과 쿠다와 아와와 하맛과 스발와임으로부터 사람들을 데려와서 이스라엘 자손을 대신하여 사마리아의 성읍들에 두니 그들이 사마리아를 차지하고 그 성읍들에서 거하니라』(왕하 17:5,6,24)

1) 이스라엘의 사마리아 지방을 점령한 앗시리아가 그곳에 살고 있던 이스라엘 백성을 앗시리아로 끌고 가고, 그 대신 사마리아에 몇몇 이방 민족들을 이주시켜 살게 했을 때, 사마리아에 이주한 이방 민족들 가운데서 문제가 발생했다. 그들이 그곳에 거하기 시작했을 무렵 주님을 두려워하지 않았기 때문에 주님께서 사자들을 보내시어 그들 중 몇 사람을 죽이셨던 것이다(25절).

2) 이에 앗시리아 사람들은 사마리아에 이주한 사람들이 『**그 땅의 하나님의 법도를 알지 못하였기 때문**』에 죽임당한 것이라는 보고를 왕에게 올렸고(26절), 왕은 사마리아에서 데려온 이스라엘 제사장들 중 하나를 그곳으로 파견하여 하나님을 두려워하는 방법을 가르치도록 조치를 취했다(27,28절).

3) 이 일을 시작으로 사마리아 지방은 이방 족속들과 이스라엘 족속이 뒤섞여 사는 곳이 되었다. 거기서 자연스럽게 혼혈 족속이 형성되어 사마리아는 유대인들이 상종하지 않는 이방인들의 거주지가 된 것이다.

4) 정통 유대인들은 사마리아 지방의 족속들을 더러운 피가 섞인 혼혈 족속으로 몰아 이스라엘 민족의 순수한 피가 흐르지 않는 족속으로 천대했는데, 바로 이 점이 요한복음 4장의 주님과 사마리아 여인 간의 대화에서 드러난다.

『(이는 그의 제자들이 음식을 사기 위하여 성읍으로 갔음이라.) 그때 사마리아 여인이 주께 말씀드리기를 "유대인인 당신이 어떻게 사마리아 여자인 나에게 '마실 물을 달라.'고 하시나이까?"라고 하니, 이는 유대인들이 사마리아인들과는 교제가 없기 때문이더라』(요 4:8,9).

5) 현 교회 시대에 하나님께서는 혼혈의 여부나 인종의 구분과는 관계없이 유대인과 이방인을 예수 그리스도 안에서 받아 주신다. 그래서 이제는 그들 모두가 하나님의 교회가 되어 하나님 아버지께 영과 진리로 나아갈 수 있게 되었다(고전 12:13, 엡 2:12-22).

2. 유대인 제사장에게서 그 땅의 하나님의 법도를 배운 이방인들은 그 곳에서 주님도 두려워하고 자기 민족의 고유 신들도 만들어서 섬기는 이중적인 모습을 보였다(17:28-33).

1) 하나님과 민족들의 신들을 동시에 섬긴 결과는 참담했다.

➡ 그들이 가르침을 받은 초기에는 주를 두려워했지만(32절), 이후로는 민족들 고유의 신들도 함께 섬김으로써 결국 이전처럼 돌아가고 말았다. 그들은 이전 법도대로 행하여 주를 두려워하지 않게 되었고, 이스라엘 자손에게 주신 그 땅의 규례들과 율례들과 율법과 계명을 따라 행하지 않게 된 것이다(34절).

2) 좋은 것과 악한 것이 병존하면 결국 악한 것이 좋은 것을 밀어내는 법이다. 하나님과 재물을 동시에 섬길 수 없듯이(마 6:24) 하나님과 우상 또한 동시에 섬길 수 없다(고후 6:15).

➡ 결국 재물과 우상이 우리의 마음에서 하나님을 밀어내고 마는 것이다.

3) 본문은 주를 두려워하느냐(성별), 두려워하지 않느냐(타협)의 문제를 다루고 있다(17:28,32,33,36,39 vs. 17:35,37,38).

➡ 주님을 섬기면서 동시에 세상도 기웃거릴 때, 결국 교회는 세상에 점령당하고 만다. 주님의 이름을 부르긴 해도 그들은 그분의 말씀을 전혀 행하지 않는다. 이것이 바로 오늘날 우리가 목도하고 있는 배교한 교회들의 현실이다.

『그들이 **주**를 두려워하였으며, 그들이 데리고 온 민족들의 법도에 따라 그들 고유의 신들도 섬겼더

라... 그리하여 이 민족들이 **주**도 두려워하고 그들의 새긴 형상들도 섬겼으니, 그들의 자손들과 그들 자손의 자손들이 모두 그들의 조상이 행한 것과 같이 행하여 오늘에 이르니라』(17:33,41).

■ 새롭게 깨달았거나 적용할 내용이 있다면 적어 보세요. ■

제6과
복습문제

1. 하나님께서는 연약한 육신을 불쌍히 여기신다. (O , X)

2. 화살들로 땅을 치는 것과 관련하여 요아스가 범한 잘못은 엘리사를 통해 주신 말씀을 제대로 경청하여 실행하지 않은 것과는 관련이 없다. (O , X)

3. 멸망해 가던 북왕국의 왕들이 떠나지 않은 죄는 무엇인가? (   )

4. 엘리사는 살아 있든지 죽어 있든지 (   )의 선지자였다.

5. "사마리아인들의 기원"은 앗시리아 왕이 사마리아로 이주시킨 이방인들과 그가 그들에게 그 땅의 하나님의 법을 가르치라고 보낸 유대인 (   )이 섞이면서 생겨난 혼혈인들에게 있다.

6. 현 교회 시대에 하나님께서는 혼혈의 여부와 관계없이 유대인과 이방인을 예수 그리스도 안에서 받아주셨으며, 그들 모두가 하나님의 (   )가 되어 하나님 아버지께 영과 진리로 나아갈 수 있게 되었다.

■ 복습 문제의 정답은 홈페이지(www.solomonbtc.org)에서 확인할 수 있습니다.

NOTES

NOTES

NOTES

< 추 천 도 서 >

"성경"을 모르는 민족은 망했다

피터 S. 럭크만 지음

248쪽 / 12,000원

성경은 역사책이다. 성경은 결코 신앙, 종교적인 신념, 경건 등과 관련된 내용으로 시작하지 않는다.

신구약을 관통하는 성경지도

말씀보존학회 편집부 지음

112쪽 / 15,000원

이 책 한 권으로 성경의 지리들을 이해함과 동시에, 구약과 신약에 있어 개론적인 모든 것들을 이해할 수 있게 된다.

죽음의 재 같은 땅 이스라엘

피터 S. 럭크만 지음

520쪽 / 25,000원(eBook 9,900원)

이 책은 이스라엘의 모든 것들을 제시한다. 이 땅의 수난의 역사와 음모들, 이 땅에 대한 성경적 관점을 정확하게 제시한다.

성경적 성별

어네스트 피커링 지음

338쪽 / 16,000원(eBook 5,600원)

본서는 사탄의 수많은 방해와 공격에도 불구하고 초대 교회부터 지금까지 교회의 순수한 모습을 지키려는 성별의 역사를 다룬 투쟁사다.

솔로몬 성경공부 시리즈

이스라엘 왕들의 역사

제2권 북왕국 이스라엘은 왜 멸망했는가?

초판1쇄 2021년 6월 18일
초판2쇄 2021년 7월 9일
지 은 이 / 편 집 부
발 행 인 / 이 송 오
발 행 처 / 말씀보존학회
출판등록 / 1988. 12. 12. 제16-223호
주 소 / 서울 강서우체국 사서함 제90호
전 화 / (02) 2665 - 3743
팩 스 / (02) 2665 - 3302
인 터 넷 / www.biblemaster.co.kr

값 10,000 원